신
학
의
역
사

로저 올슨 · 애덤 잉글리쉬 지음 ― 김지호 옮김

하룻밤에 정리하는
신학의 역사

2019년 7월 5일 초판 1쇄 발행
2022년 12월 1일 초판 2쇄 발행

지은이   로저 E. 올슨, 애덤 C. 잉글리쉬
옮긴이   김지호
펴낸이   김지호

도서출판 100
전   화   070-4078-6078
팩   스   050-4373-1873
소재지   경기도 파주시 야동동
이메일   100@100book.co.kr
홈페이지   www.100book.co.kr
등록번호   제2016-000140호

ISBN   979-11-89092-07-8 03230
CIP제어번호   CIP2019023570

Originally published by InterVarsity Press
as *Pocket History of Theology*
by Roger E. Olson and Adam C. English.
ⓒ 2005 by Roger E. Olson and Adam C. English.
Translated and printed by permission of InterVarsity Press, P.O. Box 1400,
Downers Grove, IL 60515, USA. www.ivpress.com.
License arranged through rMaeng2, Seoul, Republic of Korea.

This Korean translation edition ⓒ 2019
by 100 Publishing House, Goyang-si, Gyeonggi-do, Republic of Korea.

이 책의 원서 *Pocket History of Theology*는 로저 E. 올슨이 쓴 *The Story of Christian Theology*
(『이야기로 읽는 기독교신학』, 대한기독교서회 역간)의 축약·개정본입니다.

약어표

AF   Michael W. Holmes, ed. J. B. Lightfoot and J. R. Harmer, trans. *The Apostolic Fathers*, 2nd ed. Grand Rapids, Mich.: Baker, 1989.

ANF   A. Roberts and J. Donaldson, eds. Ante-Nicene Fathers. 10 vols. Buffalo, N.Y.: Christian Literature, 1885-1896. Reprint, Grand Rapids, Mich.: Eerdmans, 1951-1956. Reprint, Peabody, Mass.: Hendrickson, 1994.

NPNF   Philip Schaff and Henry Wace, eds. Nicene and Post-Nicene Fathers, Second Series, vol. 4 (Peabody, Mass.: Hendrickson, 1994).

일러두기

- 인명은 관행으로 굳어진 표기를 사용하되(예: Ἄρειος: 아리우스), 경합하는 표기가 있는 경우 주요 활동지의 언어 내지 저술의 언어를 따라 표기하였고(예: Κλήμης: 클레멘스), 영어를 병기하였습니다.

- [ ] 안의 내용은 저자의 삽입입니다.

- ( ) 안의 내용 및 ●표시된 각주는 독자의 이해를 돕기 위해 옮긴이가 추가한 것입니다.

- 두 가지 이상으로 번역될 수 있는 경우 필요에 따라 빗금(/)으로 나누어 표기하였습니다(예: 본질/실체ούσία). 단, '여/신'God/dess의 경우 예외로 원래의 표기를 따른 것입니다.

제 I 막

형태를 갖추는 이야기

(예루살렘 공의회)

이그나티우스　켈수스　유스티누스

이래나이우스　클레멘스　테르툴리아누스　**키프리아누스**
오리게네스

그리스도교 신학 이야기가 처음부터 있었던 것은 아닙니다. 말하자면 그리스도교 신학은 예수 그리스도께서 제자들과 이 땅위를 걸으신 후 한참이 지나서야 시작되었습니다. 심지어 마지막 제자이자 사도가 죽은 이후에야 시작되었다고 볼 수 있습니다. 신학은 교회가 그리스도께서 가져오신 구원을 숙고한 결과물입니다. 그리고 그 구원에 대해 1세기 사도들이 선포하고 설명한 복음을 숙고한 결과물이기도 합니다.

사도들은 초대 교회에서 엄청난 위신과 권위가 있었습니다. 사도들은 부활의 직접적인 증인이었습니다. 사도들이 살아있는 동안에는 그들이 예수님의 가르침과 행동을 기억하고 있었기 때문에, 그것으로 초대 교회의 제자들을 훈련시키기에 충분했습니다. 그러나 사도들이 죽자, 교회는 완전히 준비되지 못한 상태에서 새로운 시대에 들어섰습니다. 더 이상 사도를 통해서 교리상의 분쟁을 해결할 수 없게 되었습니다. 새로운 세대는 부득이 예수님과 사도들의 가르침을 스스로 숙고해야 했고, 이에 따라 신학이 시작된 것입니다.

당연한 말일 수도 있지만, 초기 그리스도인들이 역사적 진공 상태에서 그들의 신앙을 풍성하게 숙고했던 것은 아닙니다. 그들의 신학은 논쟁과 투쟁 가운데 구축된 것입니다. 초기의 신학 논쟁은 영지주의/그노시스주의 Gnosticism 같은 그리스도교 **내부**의 당파에 의해 유발되기도 했으며, 또한 켈수스와 같은 **외부**의 반대자들에 의해 유발되기도 하였습니다.

영지주의, 교회 내부에서 도전하다

영지주의자들이 하나의 통일된 조직체를 가지고 있었던 것은 아닙니다. 영지주의자들 사이에도 서로 의견을 달리하는 여러 문제들이 있었습니다. 그러나 그들 모두에게는 공통점이 있었습니다. 바로 자신들이 특별한 영적 지식 혹은 지혜를 가지고 있다고 믿었다는 점입니다. 그리고 그러한 지식이 2세기 당시 교회의 감독들이나 지도자들이 전해 준 것보다 더 우월하다고 믿었습니다. 간략하게 말하자면, 그들은 물질(육체도 포함됩니다)

이 본래 선한 인간의 영혼 내지 정신을 제한하고 가두는 감옥이라고 믿었습니다. 혹은 장해물이라고 믿었습니다. 그리고 영혼이야말로 본디 신적인 것이며, 육체라는 무덤에 거주하는 '하나님의 흔적'이라고 믿었습니다. 그들에게 구원이란 어떤 특별한 종류의 지식에 도달함을 의미합니다. 이는 평범한 그리스도인들에게 알려지지 않은 지식 또는 접근할 수 없는 지식으로 여겨졌습니다. 그러한 영지靈知, gnosis 내지 지식은 자기 안에 있는 영혼의 참된 기원을 자각하는 일과 관련됩니다. 즉, 영혼이 하늘로부터 왔다는 인식입니다. 영지주의자들은 다음과 같이 가르쳤습니다: 우리가 알지 못하는 또한 알 수도 없는 하나님께서 우리를 구하시려고 그리스도를 보내셨다. 그리스도는 육신이 없는 영적인 사자messenger다. 신의 존재〔화염〕로부터 나왔지만 육체라는 감옥에 갇혀 길을 잃은 불꽃들을 구출하여 본향에 이르게 하기 위하여, 하나님께서 그리스도를 보내셨다.

어떤 영지주의자들은 이 그리스도가 예수라는 인간의 모습으로 나타나긴 했으나, 예수가 실제로 육신을 지닌 인간은 아니었다고 가르쳤습니다. 이러한 그리스도론은 가현설로 알려져 있습니다. 가현설假現說, docetism은 '나타나다' 또는 '-처럼 보이다'라는 의미의 헬라어에서 유래한 말입니다. 영지주의자들에게 예수는 그저 인간처럼 보일 뿐이었지, 육체를 지닌 인간은 아니었습니다. 하나님께서 실제로 인간이 되심으로써 자기 자신을 더럽히실 리가 없었던 것이죠.

또 다른 영지주의자들은 이원론적 형태의 그리스도론을 가르쳤습니다. 예수가 세례를 받을 때 그리스도가 예수 안으로 들어왔다가, 예수가 죽기 직전에 떠나갔다는 것이죠. 예를 들면 그리스도가 제자들을 가르치시기 위해 예수의 성대를 사용하긴 했으나, 실제로 인간됨을 경험한 것은 아니라는 주장입니다.

수많은 2세기 그리스도인들은 이러한 가르침에 매력을 느꼈습니다. 천박하고 무지한 대중들에게 감독들이 가르친 내용보다 더 수준 높고 우월하고 더 영적인 그리스도교의 특별한 진리라고 생각하면서 말이죠. 영지주의는 이제 막 싹트기 시작한 그리스도교 교회 안에서 비의를 추구하며 갈라져 나왔으며, 영적인 엘리트주의를 조성하고 이에 호소하였습니다.

켈수스, 교회 외부에서 도전하다

영지주의가 교회와 사도적 메시지에 대한 교회 내부의 주요 위협이었던 시기에, 초기 그리스도교 사상가들은 교회 외부의 사람들과도 논쟁하였습니다. 유대교 저술가들과 켈수스Celsus

같은 이교도 저술가들이 도전해 왔습니다. 특히 그리스도교라는 새로운 믿음에 켈수스가 제기한 도전은 만만찮았습니다. 왜냐하면 켈수스는 그리스도교의 중심에 예수 그리스도에 대한 믿음과 예배가 있었다는 점, 그리스도인들이 예수를 육신을 입으신 하나님으로 생각하고 있었다는 점을 분명하게 이해하고 있었기 때문입니다.

켈수스는 예수를 예배하는 그리스도인들에 대해 다음과 같이 반응하였습니다. "하나님이 땅에 내려오셨다는 것은 사실일리 만무하다. 하나님이 땅에 내려오셨다면 본성이 변하셨을 텐데, 그럴 수 없기 때문이다."[1] 그의 도전은 간결합니다. 그리스도인들은 자신들이 유일신론자(한 분 하나님을 믿는 자)라고 주장했고, 유대인들과 대부분의 교양 있는 로마 시민들도 마찬가지였습니다. 그런데 그리스도인들은 또한 예수가 하나님—혹은 적어도 하나님의 로고스 *Logos*(말씀 또는 지혜)—라고 주장했습니다. 따라서 어떤 의미에서는 예수가 만물의 창조주이신 하늘 아버지와 동일한 분이라는 주장이기도 합니다. 켈수스는 이 같은 주장이 불변하는 하나님의 본성의 완벽함과 서로 모순된다고 믿었습니다. 예수 그리스도를 하나님으로 믿는 믿음에

---

1   Celsus, *On the True Doctrine: A Discourse Against the Christians*, trans. R. Joseph Hoffman (New York: Oxford University Press, 1987), p. 78.

대해 켈수스가 퍼부은 비판은 그리스도교 신학 이야기에서 너무나 중요합니다. 왜냐하면 다음과 같은 두 가지 중요한 질문— 그리스도인의 하나님은 불변하시는가? 그리스도는 어떤 식으로 하나님이면서 또한 사람인가?—이 그리스도교 신학의 전면에 나타나서 중심을 차지하게 만들었기 때문입니다.

사도 교부들, 그 길을 해명하다

사도 교부들(사도들이 없었던 첫 세대들에게 사도들의 메시지를 해석하고 적용했던 사람들[속사도라고도 함])은 내부와 외부로부터 신앙에 이의를 제기하는 도전에 처음으로 직면했습니다. 사도 교부라는 범주에 포함되는 사람과 저작은 클레멘스, 이그나티우스, 폴리카르포스, 『디다케』(열두 사도들의 가르침), 『바나바 서신』, 『헤르마스의 목자』입니다. 우리는 여기서 안디옥의 이그나티우스와 『헤르마스의 목자』만을 다루려고 합니다.

안디옥의 이그나티우스

이그나티우스 Ignatius는 안디옥 그리스도인들의 감독이었습니다. 안디옥은 시리아에 있는 로마 제국의 아주 중요한 도시였으며,

그리스도인들에게도 중요한 도시였습니다. 신자들이 처음으로 그리스도인이라 불렸던 곳이 바로 안디옥입니다. 그리고 사도 바울이 선교 여행을 시작했던 곳이기도 합니다. 이그나티우스는 주후 110년 혹은 115년쯤에 순교했습니다. 시기로 미루어 볼 때 아마도 그는 분명 몇몇 사도들과 아는 사이였을 것입니다. 아니면 적어도 사도들에게 직접 가르침을 받았던 후계자들을 알고 있었을 것입니다. 2세기 초 그리스도인들은 그를 매우 존경하고 우러렀습니다. 이러한 점이 어쩌면 로마 당국자들이 그를 체포하여 공개 처형한 이유였는지도 모릅니다.

　　이그나티우스의 편지들이 그리스도교 신학을 최초로 담았다고 말해도 좋을 것입니다. 이그나티우스는 주의 만찬―성찬식 또는 영성체―과 관계된 의미를 깊이 탐구했습니다. 그는 성스러운 식사에 참여하는 것이 구원 과정의 주요한 측면이라고 생각했습니다. 어떻게 사람이 구원을 받아서 예수 그리스도와 함께 영원히 살 수 있을까요? "불멸의 약인 떡을 뗌"으로써 그렇게 할 수 있습니다.[2] 이그나티우스는 분명 성찬(친교의 식사)을 성례〔거룩한 예식〕로 생각했습니다. 즉, 성찬은 이에 참여하는 사람의 변화를 가져오는 은혜의 수단인 것입니다. 그가 성찬에 대한

2　Ignatius, *To the Ephesians* 20, in *AF* 151. 「에페소인들에게」, 『일곱 편지』, 박미경 옮김(칠곡: 분도출판사, 2000).

이론을 정교하게 만들었던 것은 아닙니다. 그러나 그는 사람이 주님의 식탁에서 떡과 포도주를 먹고 마심으로써 하나님의 불멸에 참여한다는 점을 강조하였습니다. 죄가 우리에게 가져온 죽음의 저주를 이기는 불멸 말입니다. 나중에 동방 정교회와 로마 가톨릭은 모두, 구원을 테오시스*theosis*('신화' 또는 '신성화')라는 성례전적 과정으로 보는 믿음을 정당화하기 위해, 성찬을 "불멸의 약"이라고 한 이그나티우스의 설명을 사용했습니다. [3]

또 다른 차원을 살펴보면, 이그나티우스는 그리스도인들이 감독들에게 순종해야 한다고 강하게 주장하였습니다. 그의 편지들을 보면 다음과 같은 명령을 납득시키려 한 점이 자주 나타납니다—감독이 없이는 아무것도 하지 말고, 감독을 주님과 같이 여기라. "신자들에게 하나님을 대리하고 있는 사람이 바로 감독이기 때문이다." [4] 에베소 교인들에게는 이렇게 썼습니다. "그러므로 우리가 감독을 주님처럼 여겨야 한다는 점이 명백하다." [5] 어떤 학자들은 이러한 글 속에서 '군주제 감독'으로 일컬어지는 것이 싹트고 있었다고 봅니다. 그러니까 후대의 그리

3　이러한 관점에서 구원은 그저 단 한 번의 결단이 아니라, 경건함을 향해 나아가는 일평생에 걸친 여정입니다. 베드로후서 1:3-4가 말해 주듯이 경건한 삶이 의미하는 바는 우리가 "하나님의 성품에 참여하는 자가 된다"는 것입니다.

4　Ignatius, *To the Romans* 4, in *AF* 81. 「로마인들에게」, 『일곱 편지』.

5　Ignatius, *To the Ephesians* 6.

스도교에서 감독^{ἐπίσκοπος}을 능력과 권위가 있는 특별한 영적인 위치에 올려놓는 경향이 이그나티우스의 글로부터 시작되었다고 보는 것입니다. 확실히 감독직에 대한 이그나티우스의 정서는 사도들의 글에 나타나는 내용을 훨씬 넘어서고 있습니다. 아마 점점 다양해지고 자기 식대로 변하고 있는 그리스도교에서 질서를 유지하기 위해 절실히 필요했기에 그러한 정서가 생겼을 것입니다.

헤르마스의 『목자』

여기에서 살펴볼 또 다른 사도 교부는 『목자』$^{The Shepherd}$의 저자로, 수수께끼 같은 인물입니다. 그의 이름은 헤르마스^{Hermas}로, 그는 우리 이야기에서 특히 중요합니다. 왜냐하면 그리스도교 정경으로 신약성경에 포함될 문서를 결정할 때 그의 글은 최종적으로 정경에 포함되지는 않았지만, 신약성경에 포함된 문서들과 가장 밀접하기 때문입니다. 2-3세기에는 영감 받은 문헌이 무엇인지 그 목록을 여기저기에서 제시하고 있었는데, 그 목록에 『목자』도 포함되어 있었습니다. 혹은 영감 있는 문서처럼 사용되는 부차 문헌 목록에 포함되어 있었습니다. 위대한 교부인 리옹〔루그두눔〕의 이레나이우스는 『목자』를 경전으로 받아들였습니다. 마찬가지로 알렉산드리아의 클레멘스나 오리게네스와 같은

3세기 교부들도 경전으로 받아들였습니다. 4세기의 위대한 교부 아타나시오스도 처음에는 『목자』를 경전으로 생각했습니다만, 최종적으로는 경전 목록에서 제외하였습니다. 헤르마스의 『목자』가 로마 제국 도처에 살았던 후기사도시대/속사도시대의 그리스도인들에게 상당한 영향력을 끼쳤다는 점은 분명합니다. 그러나 오늘날 대다수의 그리스도인들에게 『목자』는 거의 알려져 있지 않습니다.

『목자』는 천사가 헤르마스에게 나타나서 보여 준 일련의 묵시들과 이에 대한 해설을 담고 있습니다. 상당수의 해석은 비유 형태이며, 그리스도인의 삶을 교육하고 명령하는 계명들 사이사이에 들어가 있습니다. 『목자』는 하나님의 자비가 좁게 제한되어 있다는 메시지를 담고 있습니다. 하나님께서는 용서하시는 분이시지만, 한없이 용서하시는 분은 아니라고 전합니다. 게다가 하나님의 계명을 지키고 있다는 조건 하에서만 용서를 받을 수 있다고 합니다. 책에 등장하는 목자는 헤르마스에게 이렇게 말합니다. "만약 네가 내 계명을 지킨다면 이전에 지었던 죄를 용서받을 것이다. 내 계명을 지키고 이런 순전함 가운데 행한다면, 용서는 실로 모든 사람에게 열려 있는 것이다."[6] 그리

6   The Shepherd of Hermas 32, in AF 385. 『목자』, 하성주 옮김(칠곡: 분도출판사, 2002).

스도인의 믿음과 실천은 도덕적 순전함을 초월하는 것으로, 다음과 같이 단순한 일이라고 적고 있습니다.

> 무엇보다도 하나님이 한 분 이심을 믿으라. 하나님은 만물을 창조하셨고, 만물에 질서를 부여하셨으며, 존재하지 않는 것으로부터 만물이 존재하도록 지으셨다. 하나님은 만물을 담고 계시나, 하나님 자신은 어디에도 담겨 있지 않으시다. 그러므로 하나님을 믿고, 경외하여라. 하나님을 경외함으로 자신을 통제하라. 이것들을 지키라. 그리하면 너는 모든 악을 벗고 모든 의로운 덕을 입을 것이며, 하나님을 향하여 살 것이다. 네가 이 계명들을 지킨다면 말이다.[7]

복음서에 대한 이러한 요약은 헤르마스를 대변하고 있을 뿐만 아니라, 사도 교부들의 전반적인 정서도 잘 요약해 주고 있습니다. 사도 교부들은 모두 참된 회개에 응답하시는 하나님의 자비를 언급하고 있습니다. 그리스도의 십자가를 통한 하나님의 은혜의 필요성도 이따금씩 표현하고 있지만, 도덕적 실패에 대한 심판의 두려움을 주입함으로써 그리스도인의 덕과 순종을 촉구하는 일에 더 관심이 많았던 것으로 보입니다.

---

7   *The Shepherd of Hermas*, 26, p. 375.

사도 교부들이 올바른 믿음을 가르치기 위해 글을 쓰고 있었던 시기 즈음에, 로마 제국의 또 다른 그리스도인 무리는 이교도 비평가들과 로마 당국자들에게 편지를 쓰고 있었습니다. 이들은 그리스도교에 대한 오해에 맞서 진실을 변호하려고 하였습니다. 또한 그리스도인들에 대한 박해를 중단할 것을 탄원하였습니다. 이 저술가들은 변증가로 알려져 있습니다.

변증가들, 신앙을 옹호하다

변증가들은 그리스(또는 헬레니즘) 철학을 이용하여 그리스도교 신앙을 옹호하였습니다. 그리스도교를 비판하는 사람들이 사용했던 방식으로 그들의 비판에 응한 것입니다. 변증가들은 그리스도교가 비이성적이라든지 철학적으로 순진하다는 생각이 잘못임을 보이려 했습니다.

순교자 유스티누스Justin Martyr, 162년 사망는 확실히 "2세기의 가장 중요한 변증가"라는 평을 받을 만합니다.[8] 그는 그리스도인이 되기 전에 철학자였습니다. 그리고 그 점 외에는 회심 전의

---

8 Robert M. Grant, *Greek Apologists of the Second Century* (Philadelphia: Westminster Press, 1988), p. 50.

삶에 대해 별로 알려진 바가 없습니다. 그는 신비한 노인과 대화를 나눈 뒤 회심하였다고 합니다. 전해지는 바에 따르면, 유스티누스는 회심 이후에도 철학자임을 나타내는 옷을 계속 입고 다녔습니다. 유스티누스의 저술에는 그가 자기 자신을 그리스도교 철학자—그리스도에 관한 철학자—로 여겼다는 점이 분명하게 나타납니다. 그가 이전에 자신을 플라톤에 관한 철학자로 여겼던 것처럼 말입니다.

유스티누스는 그리스도가 하나님의 로고스•라는 개념을 탐구하고 설명했습니다. 이러한 개념은 그의 저작 전반을 관통하고 있습니다. 그에게 이러한 생각(그리스 사상과 히브리 사상 모두에 뿌리를 둔 생각)은 그리스도교 복음의 신비를 여는 열쇠였습니다. 교리에 관한 유스티누스의 설명에서 로고스는 선재하시는 하나님의 영—두 번째 하나님—으로, 예수 그리스도로 성육신하신 분입니다. 유스티누스는 불의 유비를 가지고 아버지와 로고스와 성령의 관계를 처음으로 설명한 사람이었을 것입니다. "불이 다른 곳에 옮겨 붙더라도 원래의 불은 약해지지 않으며 여전히 동일하기"[9] 때문에, 이와 마찬가지로 아버지로부

• 로고스(λόγος)는 한글 성경에서 "말씀"(요 1:1)으로 번역된 헬라어로, 그리스 철학에서는 만물보다 선재하는 만물의 이치라는 개념 등이 담겨 있습니다.

9 Justin, *Dialogue with Trypho, a Jew* 128, in ANF 1:264.

터 아들(로고스)이 나신다고 generation 해서 아버지가 약화되지는 않습니다. 유스티누스는 로고스와 성령을 삼위일체의 두 위격으로 명백하고 완벽하게 구별하지 않았습니다만(후대의 신학자들이 수행해야 할 과제가 되었겠죠) 삼위일체를 숙고하는 여정의 출발점이 되었습니다.

유스티누스는 예수 그리스도 이전에 로고스가 세상에 있었다고 주장합니다. 이는 그의 삼위일체에 관한 사색의 한 부분입니다. 그는 로고스가 하나님의 말씀으로, 유대 예언자(선지자)들뿐만 아니라 그리스 철학자들을 통해서도 말해져 왔다고 보았습니다. 그는 모든 인간 존재 안에 '로고스의 씨앗' λόγος σπερματικός 이 있으며, 진리를 이해하고 진리를 말할 때마다 그 진리의 근원에 '로고스의 씨앗'이 있다고 생각했습니다. 유스티누스의 『제2변증서』 Second Apology 에는 초기 그리스도교 문헌에서 가장 유명한 구절 중 하나가 나옵니다. 여기서 그는 보편적이고 우주적인 로고스가 그리스도라는 자신의 관점을 다음과 같이 표현합니다.

나는 내가 그리스도인으로 알려졌다는 사실을 자랑하며 또 온 힘을 다해 내가 그리스도인이라는 사실을 알리고 있음을 고백한다. 플라톤의 가르침이 그리스도의 가르침과 다르기 때문이 아니다.

그 둘이 모든 면에서 서로 닮은 것은 아니기 때문이다. 스토아 철학자들, 시인들, 역사가들의 가르침이 서로 닮지 않은 것처럼 말이다. 각 사람은 로고스와 관련하여 무언가를 이해한다. 따라서 로고스의 씨앗 안에 자신이 가진 분량에 비례하여 잘 말할 수 있다. … 사람들 사이에서 무언가가 올바로 말해질 수 있다면, 그것은 모두 그리스도인들의 특성이다. 왜냐하면 그분은 우리를 위해 사람이 되셨고 그래서 우리의 고통에 참여하는 분이 되심으로써 우리를 치료하실 수 있기에, 우리는 태어난 적이 없으시며 우리의 말로 형언할 수 없는 하나님께로부터 오신 말씀이신 분을 하나님 다음으로 예배하고 사랑하기 때문이다.[10]

이레나이우스, 이단을 폭로하다

그리스도교의 첫 신학자는 사도 교부들이었습니다. 이들은 주로 사도들이 죽은 이후 과도기에 처한 그리스도교 교회를 격려하고 권고하고 가르치려고 글을 썼습니다. 이들의 편지는 간결했고 구체적인 문제들을 다루었습니다. 안디옥의 이그나티우스와 같은

---

10   Justin, *Second Apology* 13, in ANF 1:192-3.

몇몇 사람들은 그리스도교의 믿음과 실천이 지닌 의미를 숙고하면서, 사도들이 전해 준 것에 자신들의 말을 덧붙이기 시작했습니다. 변증가들은 비그리스도교 관료들에게 그리스도교의 믿음과 실천을 설명하는 글을 쓰면서, 그리스도교 신학이라는 합창에 자신들의 목소리를 더하였습니다. 그 과정에서 변증가들은 종종 비그리스도교 철학을 활용하여 그리스도교 신앙을 설명하였습니다. 그러나 변증가들은 사도 교부들과 마찬가지로 그리스도교 신앙을 총체적으로 탐구하고 설명하면서 나타난 것 이상을 거의 다루지 않았습니다. 사도 교부들과 사도들은 그리스도교 신학의 무대와 줄거리라는 토대를 놓았지만, 그 이상으로 신학을 구성하진 않았습니다. 그런 면에서 이레나이우스가 쓴 것이 신학 이야기의 주요한 첫 장면이라고 할 수 있을 것입니다.

이레나이우스Irenaeus, 120-202는 로마 제국이 그리스도인들을 심하게 박해하던 시기에 살았습니다. 실제로 그는 그리스도인들을 대학살하던 시기에 리옹에서 죽임을 당했습니다. 또한 그가 살던 시기는 영지주의가 교회 도처에 두루 퍼져서 유행하던 시기였습니다. 그래서 그는 그리스도인들에게 교육과 신학적 훈련이 필요하다고 느꼈습니다. 그리고 그리스도교의 훈련이 구속救贖, redemption을 더 풍성하고 정합적으로 이해하는 것에서부터 시작해야 한다고 생각했습니다.

이레나이우스는 구속을 더 깊이 이해하는 일에 착수했습니다. 그의 구속 개념은 '총괄갱신론'總括更新論, theory of recapitulation으로 알려져 있습니다. 이 말은 '머리/근원/요점'head을 뜻하는 라틴어 카푸트caput에서 왔습니다. 레카피툴라티오recapitulatio는 문자적으로 '머리를 다시 붙임'reheading 또는 '새로운 머리를 줌'을 뜻합니다. 물론 이레나이우스가 문자 그대로의 머리, 즉 몸의 윗부분을 생각했던 것은 아닙니다. 그는 어떤 것의 원천 내지 근원에 가까운 의미로 머리를 생각했습니다. 예를 들어 강의 발원지와 같은 근원 말입니다. 성육신이 하나의 총괄갱신 행동이라는 말은, 그리스도께서 온 인류를 통일하실 뿐만 아니라 인류에게 새로운 '머리'를 주셔서 새로운 시작을 가져오신다는 의미입니다(엡 1:9-10, 20-23).●

이레나이우스는 사도들이 가르쳤으며 그들로부터 물려받은 구원의 복음이 성육신에 초점을 맞추고 있음을 보이고자 했습니다. 성육신은 말씀이시며 하나님의 아들이신 분이 혈과 육을

● 개역개정판은 이에 해당하는 헬라어 ἀνακεφαλαίωσις를 "통일되게"로, 공동번역은 "머리로 하고 하나가 될"로, 새번역은 "머리로 하여 통일시키는"으로 번역합니다. 한철하 박사는 '총괄갱신'이라는 번역어를 제안하면서 다음과 같은 설명을 결들입니다. "그리스도께서 인류를 자신 안에 총괄하는 것은 곧 인류를 회복하는 일이요 인류를 갱신하는 일이다"(한철하, 『고대기독교사상』, 대한기독교서회, 1970, p. 53).

지닌 인간으로 존재하신다는 의미입니다. 그는 예수의 생애의 모든 요소가 구원에 필요하다고 강조하였습니다. 이레나이우스에게는(그리고 이후의 교부들 대다수는) 성육신 자체가 구속적인 일이었습니다. 성육신은 단지 그리스도의 가르침이나 십자가 사건을 위해 거쳐야 하는 과정에 불과한 것이 아니었습니다.

이레나이우스에게 성육신은 전체 구속사와 개인 구원의 핵심 열쇠였습니다. 성육신 자체가 변화를 가져오는 것입니다. 왜냐하면 죄로 인한 부패는 하나님으로부터의 소외와 사망을 가져왔지만, 성육신은 이를 뒤집는 과정을 시작하였기 때문입니다. 총괄갱신은 성육신(예수 그리스도 안에서 말씀이 육신이 되심)이 어떻게 인간을 변화시키는지를 설명하기 위한 이레나이우스의 신학적 표현이었습니다. 문자적 의미로 온 인류가 성육신 안에서 '거듭난다'는 것입니다. 인류는 새로운 머리—존재의 새로운 원천, 근원, 근거—를 얻었습니다. 그 머리는 타락하지 않은 머리이며, 순수하고 건강하며 승리를 거둔 썩지 않는 머리입니다. 인류는 육체로도 영으로도 '온전히 살아 있게' 되었습니다.

이러한 생각의 배경에는 로마서 5장에 나오는 아담과 그리스도에 대한 바울의 묵상이 있습니다. 이 중요한 구절을 모른다면 이레나이우스가 가르치는 바를 파악할 수 없을 것입니다. 그의 총괄갱신론은 로마서 5장에 근거한 해석이며, 로마서 5장을 확대한 해석입니다. 즉, 그리스도는 인류의 둘째 아담이며, 그리스도 안에서 "하나님은 태곳적 사람[아담]의 형태를 총괄갱신하십니다. 그리스도께서는 죄를 죽이시고, 죄가 지닌 죽음의 권세를 박탈하셨고, 사람에게 생명을 주셨습니다. 따라서 그리스도의 사역은 참됩니다."[11]

이레나이우스는 그리스도 안에서 "하나님은 태곳적 사람의 형태를 총괄갱신하신다"는 말을 다음과 같은 의미로 썼습니다. 즉, 성육신에서 말씀(로고스)이 인간의 '원형'protoplast(물리적 원천—아담의 몸)을 취하시고 타락을 낳은 아담의 삶의 여정을 뒤집는 삶을 사셨다는 것입니다. 모든 인간은 저 원형, 즉 첫째 아담의 자손입니다. 말씀이신 분은 타락을 뒤집기 위해, 아담으로 인해 타락한 인류를 새롭게 하기 위해 원형으로 사셔야 했습니다. 그래서 말씀은 마리아에게서 나서 아담과 '똑같은 형태'를 취하셨습니다. 단지 비슷한 형태를 취하신 것이 아닙니다. 아담은 어떤 신비스러운 방식으로 마리아에게서 다시 태어났습니다. 인간 예수 그리스도로 말이죠.

만약 이것이 사실이라면, 그리스도께서 성취하신 구속의 실제 핵심 난관은 사탄이 광야에서 시험한 사건이었던 것입니다.

11   Irenaeus, *Against Heresies* 1.11, in ANF 1:448.

뱀이 하와와 아담에게 다가갔을 때, 하와와 아담은 정복당했으며 타락했습니다. 사탄이 그리스도 안에 있는 아담에게 다시 다가갔을 때, 사탄이 정복당하고 뭉개졌으며, 인간은 그리스도와의 결합을 통하여 위대한 승리를 이루고 생명을 다시 얻었습니다.

광야 시험이 핵심 난관이라면, 십자가와 부활은 그리스도의 총괄갱신 사역의 절정입니다. 예수 그리스도께서는 하나님께 순종하며 죽으심으로써 궁극의 제사를 드리셨고 죽음을 정복하셨습니다. 그리스도의 새로운 인성에 기꺼이 참여하는 사람은 회개, 믿음, 성례를 통하여 '머리'이신 그리스도를 선택함으로써, 하나님의 아들의 성육신으로 말미암아 가능해진 새로운 변화를 얻게 됩니다. 이들은 새로운 인간, 새로운 인류에 참여하며, 하나님의 불멸하는 신적 본성을 공유하는 소망을 얻습니다. 이레나이우스에게 구속이란 영지주의자들처럼 창조에서 벗어나는 것이 아니라 창조의 회복 과정입니다.

3세기의 긴장과 변화

클레멘스와 테르툴리아누스, 철학을 검토하다
철학과 그리스도교 신학의 관계는 그리스도교 사상 내부의 주요 논란 중 하나입니다. 이 문제에 대한 그리스도교 사상 내부의 입장은 다양한데, 알렉산드리아의 클레멘스와 카르타고의 테르툴리아누스가 양 극단에 서 있다고도 말할 수 있습니다. 클레멘스는 유스티누스처럼 그리스도교를 참된 철학으로 여겼습니다. 그래서 그리스도교가 그리스 철학과 모순되지도 철학을 말소하지도 않으며, 오히려 철학을 완성한다고 생각했습니다. 테르툴리아누스는 철학을 격하게 반대했습니다. 그는 그리스도교 신학과 그리스 철학은 서로 상반되기에 이 둘을 혼합해서는 안 된다고 주장했습니다.

알렉산드리아의 클레멘스Clement of Alexandria, 211/216년 사망는 초기 그리스도교 저술가 중 그 누구보다 그리스도교 신앙과 당대 최고의 학식을 서로 통합하는 일을 가치 있게 여겼습니다. 그의 모토는 "모든 진리는 그것이 어디에서 발견되든지 간에 하나님의 진리다"였습니다. 그는 하나님의 빛에서 새어 나온 빛줄기들이 다양한 철학적, 종교적 체계 도처에 흩어져 있다고 믿었습니다. 그래서 성경과 사도적 전통이라는 최우선적 권위 아래 모든 빛줄기들을 복종시키면서 한데 모으려고 했습니다.

클레멘스는 이상적인 그리스도인은 "참된 영지주의자" 또는 "완전한 영지주의자다"라는 극단적인 표현을 썼습니다. 그러나 클레멘스가 "참된 영지주의자"라는 말로 의미한 바는, 지혜로운 사람은 정신의 삶을 살며 육체적 욕망과 쾌락을 추구하는 저질스런 삶을 피한다는 것입니다. 클레멘스가 상상한 참된 영지주의자는 그리스도교의 소크라테스 또는 플라톤 같은 사람입니다. 그러니까 대다수가 살아가는 방식대로 주어진 흐름을 따라가는 게 일반적인 경향인데, 이를 거스르는 사람이 바로 소크라테스나 플라톤 같은 사람입니다. 예컨대 대다수가 파티에서 흥청이며 물질적 이익을 추구한다고 해도 이에 순응하지 않고 저항하는 사람입니다. 클레멘스는 이런 식의 그리스도인을 참된 영지주의자라고 이름하였던 것이죠. 그러한 사람은 온갖 종류의 지혜에 정통하고, 육신의 정욕에 초연해지려 하며, 그 덕과 지혜에 있어 하나님과 같이 되기를 추구합니다. 클레멘스는 심지어 참된 그리스도인 영지주의자는 "욕망과 분노에서 벗어나서 무신경"해짐으로써 이생에서 "하나님이 될" 수 있다고까지 썼습니다.[12] 그러나 그는 참된 영지주의자가 하나님이 완벽하신 것과 같은 식으로 실제로 완벽해질 수 있음을 의미한 것이 **아니**라고 분명히 밝힙니다. 보다 정확히 말하면, 그는 그러한 사람이 하나님의 형상을 입으며 진실로 선해진다는 의미로 말한 것입니다. 여기서 선해진다는 것도 오직 하나님께 의존하는 피조물

---

12   Clement, *Stromata* 1.22, in ANF 2:437.

로서 선해진다는 말입니다. 클레멘스는 신성화―즉, 구원의 목적은 하나님의 형상으로 충만해짐으로써, 그리고 불멸에 이름으로써 경건해지며 하나님의 성품에 참여하는 것(벧후 1장)이다―라는 개념을 염두에 둔 것입니다.

클레멘스가 생각하는 완전함의 성취는 하나님이 하시는 일입니다. 즉, 인간 개인이 육신의 저급한 생활을 멀리하고 관조하고 연구하는 고상한 정신적 생활을 추구하면서 자신을 하나님께 맡겨 드릴 때 하나님께서 일하시는 것이지요. 이 과정에서 시종일관 우리를 가르치시는 '선생님'은 바로 아버지의 말씀이신 예수 그리스도십니다. 그분은 우리를 권고하심으로써 "영혼의 비자연적 욕망을 치료하십니다."[13]

테르툴리아누스Tertullian, 150-212는 클레멘스가 그리스도교 신학에 접근하는 방식에 전반적으로 반감을 가지고 있었습니다. 그는 클레멘스식의 접근을 신학적 타락(그리고 교회 전반의 도덕적 부패)으로 보며 매우 혐오하였습니다. 그래서 결국 그는 대교회Great Church에서 나와서 카르타고에 있는 몬타누스주의자들의 '새 예언' 교회에 들어갔습니다.

테르툴리아누스는 어떤 식으로든 그리스 철학을 사용하는

---

13   Clement, *The Instructor (Paedagogus)* 1.2, in ANF 2:210.

일을 경계하였습니다. 그는 그리스 철학의 범주를 가지고 그리스도교 신앙을 합리적으로 만들지 말라고 충고하였습니다. 테르툴리아누스는 그보다 이른 시기에 살았던 순교자 유스티누스나 동시대 인물이었던 알렉산드리아의 클레멘스가 취한 방식으로 신학 및 철학에 접근하는 것을 경계하려고 했습니다. 대부분의 학자들이 이 점에 동의합니다. 이와 관련하여 그는 유명한 말을 남겼습니다. "예루살렘과 아테네가 실로 무슨 상관이 있는가?"[14] 여기서 '아테네'는 플라톤의 아카데미아를 가리키기도 하고 더 나아가 그리스 철학 전체를 가리키는 말이기도 합니다. '예루살렘'은 예수 그리스도와 사도들의 가르침을 말합니다. 테르툴리아누스가 그리스도교 신앙과 신념 **안에서** 질문하며 탐구하는 일을 반대한 것은 아닙니다. 즉 사도들의 유산과 '사도적 신앙 규범'의 범위 안에서라면 질문하고 탐구할 수 있다고 생각했습니다. 그러나 인간의 탐구와 조사를 초월하는 진리를 보충하기 위해 성경이나 사도가 아닌 다른 원천들을 연구하는 일에는 반대했습니다. 심지어 진리를 해석하기 위해 다른 원천들을 공부하는 것도 반대했습니다.

그리스도교 신앙에 대한 테르툴리아누스의 몇몇 진술과

---

14 Tertullian, *Prescription Against Heretics* 7, in ANF 3:246. 「이단 반박 논설」, 『초기 라틴 신학』, 이상훈·이은혜 옮김(서울: 두란노아카데미, 2011).

신앙의 본성에 관한 진술은 너무 극단적으로 흐른 것 같아 보입니다. 예를 들어 그는 "[신앙] 규범과 상반되는 것에 대해 아무것도 모르는 것이 모든 것을 아는 것이다"라고 썼습니다.[15] 이 말은 적어도 표면적으로는 아무 의미도 없는 말입니다. 그러나 테르툴리아누스가 과장법을 사용했다고 볼 수 있습니다. 가장 중요한 지식은 사도들의 메시지와 일치하고 조화를 이룬다는 자신의 주장을 전달하려고 했던 것이죠. 이보다 더 논쟁의 도마 위에 있는 발언은 하나님의 아들의 성육신과 죽음에 대한 그리스도교의 신념과 관련된 그의 언급입니다. 테르툴리아누스는 이에 대한 다른 신학자들의 사변적이고 철학적인 설명을 반박하면서 다음과 같은 말을 던졌습니다. "불합리하기 때문에 모름지기 믿을 만한 것이다." "불가능하기 때문에 확실한 것이다."[16] ●

테르툴리아누스는 이러한 신앙주의(맹목적으로 믿는 신앙)

---

15   Tertullian, *Prescription Against Heretics*, 13, in ANF 3:250.

16   Tertullian, *On the Flesh of Christ* 5, in ANF 3:525. 『그리스도의 육신론』, 이형우 옮김(칠곡: 분도출판사, 2006).

●   이는 다음과 같은 맥락에서 나오는 말입니다. "그리고 하나님의 아들이 죽으셨는데, 불합리하기 때문에 [모름지기 *prorsus*] 믿을 만한 것이다. 그리고 그는 묻히셨고 부활하셨는데, 불가능하기 때문에 확실한 것이다." 드물지만 [ ] 안의 단어가 없는 사본도 있습니다. Ernest Evans, *Tertullian's Treatise on the Incarnation: The Text Edited with an Introduction, Translation, and Commentary*, Wipf and Stock Publishers, 2016, p. 18n24 참조함.

적인 발언들을 내쏟았습니다만, 그럼에도 삼위일체 교리와 그리스도의 인성에 관한 교리에 중요한 공헌을 했습니다. 그는 흔히 양태론^{樣態論, modalism}으로 불리는 주장에 맞서 명쾌한 논지로 반박한 최초의 신학자였습니다. 양태론은 그가 굉장히 열정적으로 반대했던 주장으로, 하나님의 정체성은 하나지만, 하나님께서는 자신이 쓰고 있는 가면^{mask}에 따라 아버지, 아들, 성령이라는 세 가지 모습으로 자신을 나타내실 수 있다는 내용을 담고 있습니다. 그는 만약 이 말이 사실이라면 하나님이 성자라는 가면을 쓰고 십자가에서 완전히 죽으셨다는 것인데, 그러나 성경의 증언이 이러한 개념과 반대된다고 선언합니다. 왜냐하면 십자가에서 죽으신 분은 오직 아들이지, 아버지가 죽은 것이 아님이 분명하기 때문입니다. 테툴리아누스는 양태론자들의 그런 소박한 주장에 맞서 '유기적 유일신론'^{organic monotheism}이라는 다소 복잡한 견해를 개발하였습니다. 즉, 하나님의 '단일성'^{oneness}은 다수성을 배제하거나 불허하지 않습니다. 마치 유기적인 생물체가 '하나'이면서 동시에 서로 연결된 상호적인 부분들로 구성될 수 있는 것과 마찬가지입니다.

　　테르툴리아누스에 따르면, 그리스도인들이 믿는 하나님은 한 실체, 세 위격^{una substantia, tres personae}이십니다. 그가 실체^{substance}라는 말로 의미하는 바는 '무엇인가를 그것이게끔 하는 근본적이고 존재론적인 존재성'●입니다. 그리고 위격^{person}이라는 말은 각 위격에 독특성을 부여하는 행동의 독자성을 의미합니다. 이러한 개념의 기저에는 '구분 없는 구별'〔나뉘지는 않으나 구별됨〕이라는 기본적인 발상이 있습니다.

오리게네스, 골칫거리 유산을 남기다

알렉산드리아의 오리게네스$^{Origen\ of\ Alexandria,\ 185/6-254/5}$는 알렉산드리아의 클레멘스처럼 사색을 좋아하였습니다. 그리스 철학과 성경의 지혜를 하나의 거대한 그리스도교 사상 체계로 종합하여 구성하는 능력은 클레멘스보다 훨씬 뛰어났습니다. 그는 연구 활동을 하면서 800편에 가까운 논문을 저술하며 유명한 학자가 되었습니다. 심지어 이교도 철학자들까지도 자신의 그리스도교 교리문답 학교로 끌어들일 정도였습니다. 오리게네스의 혁혁한 연구 활동은 빛을 보지 못할 수도 있었습니다. 아니, 아예 연구조차 못할 수도 있었습니다. 그가 어린 시절 순교자가 되는 데 성공했더라면 말입니다. 오리게네스의 아버지는 감옥에서 사형 집행을 기다리고 있었는데, 아들 오리게네스도 당국에 자수하여 아버지와 함께 죽으려고 하였습니다. 그러나 어머니가 열여섯 살

● 이 말을 삼위일체에 적용하여 쉽게 풀어 쓰면 다음과 같습니다. '하나님을 하나님이게끔 하는 하나님의 본질.'

아들의 옷을 감춰서 집 밖에 나가지 못하는 바람에 오리게네스가 목숨을 건졌다고 전해집니다.

오리게네스의 알레고리적 성경 해석. 오리게네스의 성경 해석 방식을 이해하는 열쇠 중 하나는 그가 본문의 의미를 세 가지 차원으로 구별했다는 점입니다. 이 세 가지 차원은 인간 인격의 세 가지 측면에 상응합니다. 인격의 세 가지 측면이란 물질적 측면(육체적 측면), 정신적 측면(이성적이고 윤리적인 측면), 영적 측면(가장 높은 의미에서의 구원과 관계된 측면)을 말합니다.

성경 본문의 육체적인 의미는 본문이 문자 그대로 언급하는 의미에 해당합니다. 오리게네스는 그러한 차원에서 볼 때 유용한 것들이 더러 있음을 인정합니다. 예를 들면, 십계명과 같이 하나님께서 예언자들을 통하여 주신 율법 중 일부는 그리스도인에게 교훈이 되고 도움이 됩니다.

성경 본문의 정신적 의미는 본문의 도덕적 의의에 해당합니다. 오리게네스는 성경 이야기가 문자적·역사적 의미라는 표면 아래에 윤리적·도덕적 원리를 감추어 두고 있는 경우가 많다고 주장합니다. 예컨대 구약 성경에 기록된 특정 음식에 대한 금지가 실제로 말하는 바는 악한 사람들과 어울리지 말라는 도덕적 실천이라는 것입니다.

오리게네스가 보기에 성경에서 가장 중요한 차원의 의미는 영적인 의미입니다. 그러한 의미는 영적이면서 또한 신비적이며, 거의 항상 비밀스런 방식으로 그리스도를 나타내며 또한 그리스도인과 하나님의 관계를 나타냅니다. 영적-신비적 의미는 항상 존재하고 있습니다. 비록 우리가 그 의미를 발견하지 못하고 인지하지 못하더라도 말이죠. 그리고 그러한 비밀을 벗겨내려고 노력하는 것이 그리스도교 해석자들의 과업입니다. 이는 보통 신자들의 신화神化, theosis 내지 신성화divinization에 대한 것을 드러냅니다. 신화는 구원과 그리스도교적 삶의 궁극적 목적입니다.

오리게네스에게 알레고리적 해석의 목적 중 하나는 켈수스와 같은 회의론자들이 그리스도인들을 추궁하며 공박하는 바를 누그러뜨리려는 것이었습니다. 켈수스는 구약 성경의 수많은 이야기들이 불합리하며 신과 어울리지 않는 부적절한 내용이라고 조롱하였습니다. 이에 대한 오리게네스의 응답은 신에게 어울리지 않는 방식으로 하나님을 묘사한 것처럼 보이는 구절들을 문자 그대로 이해하면 안 된다는 것이었습니다. 그는 그런 구절들이 신인동형론anthropomorphism이거나 알레고리/풍유라고 말합니다. 여기서 강조되어야 할 점은 오리게네스가 성경 본문의 문자적 의미에 무관심했다는 것이 아니라, 그가 하나님의 본성에 깊은 관심이 있었다는 점입니다.

오리게네스의 신론. 오리게네스의 신론[神論, doctrine of God]은 그리스도교 신학사에서 가장 고도로 복잡하게 전개된 신론 중 하나입니다. 그것은 심오하면서도 혼란스럽게 펼쳐져 있습니다. 오리게네스는 신에 대한 그리스도교의 가르침이 유치하며 모순적이라고 보는 여러 이교도 지식인들의 주장에 맞서 답변을 제시하려 했습니다. 이교도 지식인들은 만물을 창조하시고 유지시키시는 한 분 하나님이 젖먹이 아이로 태어났다는 말을 어떻게 믿겠냐며 따져 물었습니다. 하나님이 갓난아기일 때는 누가 우주를 운행하고 있었냐며 추궁하였습니다. 물론 이러한 물음에 처음으로 응답한 사람이 오리게네스는 아닙니다. 그러나 그는 이러한 물음을 반박할 목적으로 하나님과 예수 그리스도 및 두 분의 관계에 대한 그리스도인들의 믿음에 일관된 설명을 제시한 최초의 인물 중 한 사람이었습니다. 그 과정에서 그는 그리스도교의 가르침을 명료하게 하기도 했지만, 어떤 부분에서는 모호하게 만들기도 했습니다. 그래서 이 분야에서 그가 남긴 유산은 그가 죽은 뒤 수십 년 동안 그리스도교 신학사에서 가장 거대한 논쟁을 불러일으켰습니다.

오리게네스의 신론 및 그것이 교회의 골치 아픈 유산이 된 이유를 이해하려면 하나님의 본성과 속성에 대한 그의 견해를 검토해 보아야 합니다. 그가 생각하는 하나님은 영과 정신으로,

단순하며(혼합되지 않았으며) 형체가 없고 불변하시며 불가해한 분입니다. 하나님은 육체도, 나누어진 부분도, 감정도 없는 "단순한 실체"입니다.[17]

그리스도교에 대한 켈수스의 주요 반박 중 하나는 성육신이 사실이라면 하나님은 반드시 불완전한 존재일 것이라는 주장이었습니다. 만약 하나님이 인간으로 '내려오셨다면' 하나님이 변화하신 것입니다―안 좋게 변하신 것이죠. 그러나 켈수스와 여타 모든 그리스 철학자들(특히 플라톤주의자들)은 하나님을 불변하는 존재로 생각했습니다. 그러니까 하나님은 좋은 쪽으로든 안 좋은 쪽으로든 변하실 수 없는 존재입니다. 오리게네스는 그리스도교 교리에 관한 다음 두 가지 결정적인 주장에서 뒤로 물러서지 않았습니다. (1) 하나님은 한 분이시며 모든 면에서 완전하시다(오리게네스는 플라톤 철학을 활용하여 이 주장을 더 강화하였습니다). (2) 나사렛 예수는 하나님이시다. 실제로 그는 "신성의 본성에 속하는 것은 아버지와 아들에게 공통된 것이다"라고 기록하였습니다.[18] 이러한 주장을 유지하면서 오리게네스는 켈수스의 물음과 비난에 어떻게 응답했을까요?

---

[17] Origen, *De principiis* 1, in ANF 4:245. 『원리론』, 이성효 외 옮김(서울: 아카넷, 2014).

[18] Origen, *De principiis* 1.

첫째, 오리게네스는 로고스 개념을 최대한 설명함으로써 신론과 성육신에 관한 수수께끼를 풀려고 했습니다. 둘째, 그는 성육신하는 과정에서 실제로 신성의 존재론적 변화가 일어난다는 주장을 거부했습니다. 심지어 로고스의 변화도 없다고 하였습니다. "왜냐하면 그분은 본질에 있어서는 계속 불변하시나, 자신의 섭리로써 스스로를 낮추셔서 인간사에 들어오셨기 때문"입니다.[19] 이 두 가지 주장은 동방 그리스도교 사상의 바탕 stock in trade이 되었습니다. 그러나 동시에 이 두 주장은 여러 다른 해석을 낳았으며 심지어 이단과 분열로 이어졌습니다.

오리게네스는 탁월한 지적인 능력을 가지고 있었으며 그리스도교에 열정적으로 헌신하였지만, 그럼에도 골치 아픈 유산을 남겼습니다. 그는 하나님과 구원에 대한 논변이 신앙에 헌신하는 가운데 일어나야 한다고 생각했습니다. 그리고 이러한 헌신은 교회 전통의 진리, 특히 사도들의 가르침에 대한 수용을 포함하는 것입니다. 그러나 안타깝게도 그는 모세와 예언자들과 바울과 사도들의 가르침보다 비그리스도교 철학 및 문화에 더 가까워 보이는 몇몇 사상들을 부지불식간에 받아들이고 가르쳤습니다. 나중에 교회는 이와 같이 판단하여, 오리게네스를

---

19 Origen, *Against Celsus* 4.14, in ANF 4:502. 『켈수스를 논박함: 그리스-로마 세계에 대한 한 그리스도인의 답변』, 임걸 옮김(서울: 새물결, 2005).

이단으로 정죄합니다. 그럼에도 그가 기술한 그리스도교 신학의 '신철학'神哲學, divine philosophy을 실제로 들여다보면, 오리게네스는 성경과 사도들의 전통을 강하게 고수하고 있었으며, 성경과 전통이 말하는 것보다 더 나아갈 때조차도 그것들과 모순이 없는 경우에만 허용해야 한다고 주장하였습니다.

종합해 보면, 신학에 대한 오리게네스의 기여에는 긍정적인 부분과 부정적인 부분이 뒤얽혀 있습니다. 전반적인 영향력의 측면에서 보면, 그는 그보다 앞선 이레나이우스와 이후의 아우구스티누스와도 견줄 만합니다. 여러 면에서 그는 위대한 그리스도교 지성인들의 모델이라 할 수 있습니다. 그는 그리스도교 신앙을 돕는 일에 자신의 일생을 바쳤습니다. 그러나 다른 한편으로 하나님, 성경, 예수 그리스도에 대한 오리게네스의 애매한 가르침은 복잡한 유산을 남겨서, 결국 후대 신학자들이 풀어야 할 숙제를 안겨 주었습니다.

교회 일치를 촉진한 카르타고의 키프리아누스

카르타고의 키프리아누스Cyprian of Carthage는 주후 200년 무렵에 태어났습니다. 그는 248년부터 로마 당국자들에게 공개 처형을 당한 258년까지 카르타고의 감독으로 섬겼습니다. 당시는 교회사에서 매우 맹렬했던 환난과 격변의 시기였습니다. 굉장한 박해가 있었고 그리스도교 내부에서도 다툼과 분열과 이단이 고조되던 때에, 키프리아누스는 앞장서서 그리스도교 리더십을 가르쳤고 자기 자신도 가르친 대로 살았습니다. 키프리아누스 식 리더십은 이후 천 년 동안 로마 가톨릭과 정교회의 표준이 되었습니다.

보다 구체적으로 이야기하면, 키프리아누스는 대교회 안에서 감독의 역할을 표준화했으며, 이를 로마 가톨릭과 정교회의 교회론(교회에 대한 교리와 교회 생활)에서 단연코 핵심이 될 수 있게 만들었습니다. 키프리아누스의 삶과 사상은 여러 면에서 '어떻게 교회는 보편적이게 되었는가?'라는 물음에 대한 답변이었습니다. 감독의 직무에 대한 키프리아누스의 사상은 동·서방 그리스도교 모두 고도로 조직화된 영적 위계질서를 구성하는 데 혁혁한 기여를 했습니다.

물론 키프리아누스가 이러한 그리스도교 교회론(감독에 해당하는 헬라어 에피스코포스^{ἐπίσκοπος}를 따라서 '감독'^{episcopal} 교회론으로 부르는 게 더 좋을 듯합니다)을 발명한 것은 아닙니다. 그가 무대에 등장하기 오래전에 이미 이러한 교회론이 발전되고 있었습니다. 어느 정도 새로운 내용이 있다면, 그가 교회 자체를 감독들의 공동체와 거의 동일시했다는 점입니다. 그는 사도적 계승을 따라 정식으로 임직된 감독의 승인 없이 그리스도인으로 살고 예배하며 가르치는 사람은 분열을 일으키는 사람이며 예수 그리스도의 교회를 떠나 버린 사람이라고 생각습니다. 그래서 키프리아누스는 "어머니인 교회 없이 아버지인 하나님을 모실 수 없다", "교회 밖에는 구원이 없다"라고 말하곤 했습니다.[20]

키프리아누스는 세례를 통한 중생 baptismal regeneration 을 애매하지 않게 분명하게 주장한 최초의 교회 교부 중 한 사람이었습니다. 이는 임직된 감독 또는 권한이 있는 사제에 의해 적절하게 물세례가 베풀어질 때, 물세례에 의해서 구원이 일어난다는 개념입니다. 그는 모든 구원의 원인을 하나님께 돌렸지만, 동시에 "구원의 물을 담은 대야"를 하나님께서 사람을 "거듭나게" 하려고 사용하시는 도구로 여겼습니다.[21] 즉, 물세례를 통해 이전의 삶을 버리고 새로운 삶을 얻는 것입니다. 또한 키프리아누스는 아담의 죄로 인해 모든 아이들이 죄를 가지고 태어나며, 세례의 물만이 그 죄를 씻겨 낸다고 강하게 주장하였습니다.

키프리아누스의 글은 교회 안에서 제도적인 발전이 신속히 일어날 수 있도록 통찰을 제공해 주었습니다. 교회는 뿔뿔이

---

20   Cyprian, *On the Unity of the Church* (Treatise 1) para. 6; *Epistle 72*, para.
       21, in ANF 5:423, 384. 「가톨릭 교회 일치」, 『치쁘리아누스』, 이형우 옮김(칠
       곡: 분도출판사, 1987).

21   Cyprian, *Epistle 1, To Donatus* 3-4, in ANF 5:275. 「도나뚜스에게」, 『치쁘리
       아누스』.

흩어져 있는 지하 조직에 가까웠지만, 4세기 초에는 고도로 조직화된 위계적 기관으로 발전하였습니다. 그렇지만 아무도 새로운 로마 황제 콘스탄티누스가 312년에 그리스도교로 개종하리라고 상상하지는 못했을 것입니다. 그의 회심이 로마 제국과 교회에 지대한 영향을 미친 일은 완전히 예측 밖이었습니다. 콘스탄티누스는 개종했을 뿐만 아니라, 그리스도교를 공인했고, 또 모든 로마인들에게 개종을 강권했습니다. 콘스탄티누스는 그리스도교가 깨지기 쉬운 로마 제국을 하나로 묶어 주는 아교 역할을 해 줄 수 있으리라고 예감했던 것입니다. 그리고 그리스도교가 공통의 신앙이라는 정치적인 안정성을 제공하기 위해서는 먼저 교리적 통일성을 찾아야 했습니다. 그리스도교가 제국을 안정화하려면, 그리스도교 자체가 먼저 안정되어야 했습니다.

제II막

복잡해지는 이야기

니케아 공의회

칼케돈 공의회

아리우스　알렉산드로스
아타나시오스

갑바도기아 교부들　아폴리나리오스
키릴로스　네스토리오스

318년, 알렉산드리아에서는 굉장히 놀라운 일이 벌어졌습니다. 그리스도인들이 거리에서 어떤 신학적 주장을 가지고 논쟁을 벌였는데 아주 난장판이었습니다. 이는 감독이었던 알렉산드로스^Alexander, 328년 사망와 인기 있는 장로이자 야심찬 사람이었던 아리우스^Arius, 250-336의 논쟁으로 촉발되었습니다. 이 논쟁은 아이러니하게도 두 사람의 공통 신념이었던 '하나님은 존재론적으로 완벽하시다'라는 믿음 때문에 시작되었습니다. 하나님이 완벽하시지 않다면, 그런 하나님은 하나님이 아닐 것입니다. 이 말이 사실이라면, 하나님은 결코 변화를 경험하실 수 없습니다. 왜냐하면 하나님이 변화하신다는 사실은 하나님이 무언가 부족하다거나 결함이 있다는 점을 함축하고 있기 때문입니다. 이러한 알렉산드로스와 아리우스의 생각에는 다음과 같은 전제가 상정되어 있습니다: 하나님께 어떤 경험이 필요하다거나 변화로부터 얻을 유익이 있다면, 하나님은 분명 처음부터 완벽한 존재가 아닙니다. 이 말은 '하나님이 신神이 되기 위해서는 세상을 창조해야 하는가?', '세계가 하나님의 완전한 존재에 무언가 보탬이 되는가?'라는 물음으로 바꾸어 볼 수도 있습니다. 대부분의 신학자들은 주저하지 않고 이렇게 대답할 것입니다—세계를 창조하셨든지 창조하지 않으셨든지 여부에 관계없이 하나님은 동일한 하나님이시다.

변화하지 않고 정적인 절대적인 완전함—아파테이아^{ἀπάθεια} 또는 무감수성(정념 없음)—은 그리스 사상에서 신의 본질인데, 거의 모든 신학자들도 이 점에 동의하게 되었습니다. 물론 그냥 동의한 것은 아닙니다. 신학자들은 성경에서 이를 뒷받침하는 내용, 즉 하나님의 변화와 가변성을 부인하는 구절들을 발견하였습니다. 그래서 그리스도교 신학에서 불변성과 무감수성은 가장 주요한 하나님의 속성이 되었습니다. 아리우스와 그의 추종자들은 다음과 같은 논증을 개발하였습니다. 만일 예수 그리스도가 로고스의 성육신이라면, 그리고 하나님 아버지가 신인 것과 동일한 의미로 로고스가 신이라면, 하나님은 예수 안에서 인간의 삶과 죽음을 경험함으로써 그 본성이 변하였을 것입니다. 그러나 하나님의 본성이 변하는 것은 불가능합니다. 따라서 예수 그리스도로 성육신한 로고스는 온전한 신이 아니라 위대하고 고귀한 피조물입니다.

　알렉산드리아의 장로로서 아리우스의 임무 중 하나는 성경 주해 학교를 감독하는 것이었습니다. 이 학교는 가르치기를 원하는 성직자와 평신도들에게 성경 해석을 알려 주는 곳이었습니다. 아리우스는 강연하면서 알렉산드로스를 비난하기 시작했습니다. 알렉산드로스가 예수 그리스도의 참된 인성을 부인했다는 것입니다. 아리우스는 더 나아가서 로고스(또는 하나님의 아들)는 피조물이며 성부와 동등하지 않다고 알렉산드리아의 그리스도인들에게 가르쳤습니다. 그는 아들과 아버지 사이에 중요한 차이가 있다고 말하였습니다. 즉, 아버지는 영원하고 불변하지만, 아들(로고스)은 세상보다 앞서 창조된 피조물이며 변할 수 있고 고난을 겪을 수 있다고 주장했습니다. 그는 하나님의 말씀(로고스)이 하나님께 종속됨을 보여 주는 성경 구절과 예수 그리스도가 아버지께 순종했다는 성경 구절에 호소하였습니다.

니케아 공의회와 그 부산물

아리우스와 알렉산드로스의 충돌 여파는 점차 커졌습니다. 콘스탄티누스 황제도 그 소식을 들었습니다. 그래서 콘스탄티누스 황제는 이 분쟁을 해결하기 위해 그리스도교 감독들이 한 자리에 모이도록 소집하였습니다. 그곳은 니케아였습니다. 니케아는 황제가 콘스탄티노플을 건설하는 동안 임시로 거처하는 곳이었습니다.

318명의 감독들이 325년에 니케아에 모였습니다. 그리스도교 역사상 첫 에큐메니칼 공의회에 참석한 것입니다. 아마 대부분은 영문도 모르고 참석했을 것입니다. 그들 앞에 놓인 근본 문제는 다음과 같은 것이었습니다―'성부가 하나님이신 것과 동일한 방식으로 로고스도 하나님인가?' 수많은 논쟁이 오간 후에, 공의회는 이 물음에 답하여 분쟁을 해결하기 위해 한 가지 방식을 제시했습니다. 통일된 필수 신경/신조 creed 내지 신앙 진술을 하나 작성하자는 것이었습니다. 아리우스주의자들 및 그에 동조하는 이들은 성경의 자구만을 가지고 신경을 작성하자고 강력하게 주장하였습니다. 알렉산드로스 진영에서는 이런 주장을 계략으로 여겼습니다. 아리우스주의자들은 '성경 왜곡'에 능수능란했기에 성경의 용어들을 그들이 원하는 식으로 해석할 수 있었을 것입니다. 로고스가 성부께 종속된다는 아리우스주의의 개념이 이단임을 단번에 명확히 밝히고 분쟁에 종지부를 찍을 수 있는 유일한 길은 성경 밖의 용어들을 사용하는 방법이었습니다. 즉, 신성에 있어 동일한 아버지와 아들의 일치를 명확하게 기술할 수 있는 문구를 성경 밖에서 찾아내는 것입니다.

몇몇 논쟁이 있었지만 합의점을 거의 찾지 못하자, 콘스탄티누스 황제의 종교자문관인 호시우스Hosius는 아들이 아버지와 호모우시오스ὁμοούσιος(동일본질)라는 진술을 새로운 신경에 포함하자고 제안하였습니다. 호모우시오스는 '하나'와 '본질/실체'에 해당하는 헬라어를 합성하여 만든 단어입니다. 대다수의 감독들은 아버지와 하나님의 아들의 관계를 기술하기 위한 용어로 이 합성어를 받아들였습니다. 즉, 아버지와 아들은 '하나의 본질/실체' 내지 '하나의 존재'입니다.

아리우스주의자들은 충격에 빠졌습니다. 아리우스주의가 아닌 몇몇 감독들도 당황하며 염려했습니다. 반면 알렉산드로스와 같은 반-아리우스적인 삼위일체주의자들은 환호하며 의기양양했습니다.

콘스탄티누스 황제는 감독 위원회를 임명하여 신경을 작성하게 하였습니다. 그리고 공의회에 출석하지 못했던 감독들까지 포함하여 모든 감독들이 신경에 서명하도록 요청하였습니다. 그 결과가 바로 최초의 니케아 신경입니다. 여기에는 성령과 교회에 대한 모든 조항이 포함되어 있지는 않습니다. 이 부분은 381년 콘스탄티노플에서 열릴 두 번째 에큐메니칼 공의회에서 추가될 것입니다. 니케아 신경Nicene Creed(간단히 '니케아'라고도 하는)은 사도 신경을 본떠 작성되었으며, 아리우스가 틀렸다는 점을 분명히 하기 위한 문구가 추가되어 있습니다.

> 우리는 한 분 하나님을 믿사오니,
> 하나님은 전능하신 아버지시며
> 유형무형의 만물을 창조하셨습니다.
>
> 우리는 한 분이신 주 예수 그리스도를 믿사오니,
> 그분은 하나님의 아들이시며
> 아버지께로부터 나신 begotten
> 독생하신 only-begotten 분입니다.
> 곧 아버지의 본질로부터 나신
> 하나님으로부터 나신 하나님이시며
> 빛으로부터 나신 빛이시요
> 참 하나님으로부터 나신 참 하나님이십니다.
> 지음받지 않고 나신 분이시며
> 아버지와 한 본질 ὁμοούσιος 이십니다.
> 그분으로 말미암아 하늘에 있는 것이나 땅에 있는 것이
> 모두 생겨났습니다.
> 그분은 우리 인간을 위하여,

우리를 구원하시기 위하여 내려오시어

성육신하셔서서 인간이 되셨고

고난을 받으셨으며 삼 일 만에 부활하셨고

하늘로 올라가셨습니다.

그 분은 산 자와 죽은 자를 심판하러 오실 것입니다.

또한 우리는 성령을 믿습니다. [1]

"지음받지 않고 나신"이란 문구는 성경 밖의 용어를 사용한 좋은 예입니다. 알렉산드로스는 아리우스주의를 배제하기 위해 성경 밖의 용어가 필수적이라고 주장하였습니다. "나신"이란 말은 하나님의 아들을 가리키는 성경 안의 용어입니다. 요한복음은 이 말을 자주 사용하고 있습니다. 그러나 하나님의 아들과 관련하여 "지음받지 않고"라는 말을 사용한 경우는 성경 어디에도 없습니다. 그러나 이러한 구별은 굉장히 중요합니다. 만일 하나님의 아들이 "지음받은" 또는 "창조된" 분이라면, 아들은 참 하나님이 아닐 것입니다. 그러나 성경은 아들이 신적

1 Justo González, *A History of Christian Thought*, vol. 1, *From the Beginnings to the Council of Chalcedon*, rev. ed. (Nashville: Abingdon, 1992), p. 267. 『基督教思想史. 1, 古代編』, 이형기 옮김(서울 : 대한예수교장로회총회출판국, 1990).

존재임을 확언하고 있고, 구원에는 아들이 신이어야 한다는 점이 요구됩니다. 니케아에 모인 감독들은 자신들이 심오한 신비를 긍정하고 있음을 인지했습니다. 하지만 이단을 허용하기보다는 신비를 긍정하고자 했습니다. 또한 이 신조의 가운데 즈음에는 "아버지와 한 본질"이라는 문구가 있습니다. 이는 예수 그리스도가 되신 하나님의 아들을 묘사하기 위한 것입니다. "아버지와 한 본질"이란 문구는 호모우시오스 ^{ὁμοούσιος} 를 번역한 표현입니다. 옛 영역본은 보통 consubstantial〔공동본질〕로 옮겼습니다. 대체로 보면, 니케아 신경은 아리우스주의로 들어가는 문을 차단하면서 다른 문제들로 들어갈 수 있는 문을 열어 두고 있습니다.

신조의 끝 부분에는 이단을 정죄하는 간결한 **파문**^{anathema}의 글이 덧붙여져 있습니다. "그러나 그[하나님의 아들]가 계시지 않았던 때가 있었다고 말하는 자들, 탄생하시기 전에는 아들이 없었다고 말하는 자들, 그가 무로부터 존재하게 되었다고 말하는 자들, 하나님의 아들이 〔아버지와〕 다른 실체^{ὑπόστασις} 내지 본질을 지닌다고 말하는 자들, 아들이 창조되었다거나 변화된다거나 달라질 수 있다고 말하는 자들, 공교회 the Catholic Church는 이들을 파문한다."[2] 이는 아리우스를 이단으로 공언하여 정죄한

2   Justo González, *A History of Christian Thought*, p. 267-268.

것입니다. 아리우스는 그를 지지했던 감독들과 함께 추방당하였습니다.

아타나시오스, 신앙을 완강히 고수하다

새로이 만든 니케아 신경이 완전한 승리는 아니었습니다. 아타나시오스Athanasius, 296-383가 알렉산드로스의 뒤를 이어 알렉산드리아의 감독이 되었을 때 그는 서른 살이었고, 교회와 제국에는 골칫거리가 생겨나고 있었습니다. 신경과 공의회는 아버지와 아들의 정확한 차이를 설명하지 못했고, 성령에 대해서는 거의 설명하지 않고 등한시했습니다.

332년 콘스탄티누스 황제는 아리우스를 알렉산드리아의 장로로 복직시켰습니다. 그리고 새로운 감독에게 아리우스를 받아들여 그가 그곳에서 성찬 교제에 다시 참여하도록 명령했습니다. 그러나 아타나시오스는 아리우스가 동일본질이란 용어로 성부와 성자의 관계를 설명하는 것에 찬성하지 않는 이상 그를 받아들일 수 없다고 하였습니다. 아리우스는 그리 하지 않았을 터이고, 아타나시오스는 아리우스를 받아들이지 않았습니다. 황제의 요청과 협박을 무시한 것이죠. 그 결과 콘스탄티누스 황제는 서쪽에 위치한 로마 제국 *끄트머리*의 트리어라는 게르만 도시로 아타나시오스를 유배했습니다. 그의 유배 생활은 335년 11월부터 337년에 콘스탄티누스가 사망할 때까지 계속되었습니다.

아타나시오스는 전 생애 동안 니케아 신경과 동일본질 교리를 옹호했습니다. 그는 아버지가 하나님이면 아들 또한 하나님이어야 한다고 주장하였습니다. 그렇지 않으면 아버지는 아버지가 되는 과정에서 변하셔야 했기 때문입니다. 만일 아들이 존재하지 않았던 시기가 있다면, 그때 아버지는 아버지가 아니었을 것입니다. 아타나시오스에게 있어 아들이란 하나님을 아버지로 정의하는 부분입니다. 그는 이렇게 썼습니다. "하나님의 소생offspring은 영원하다. 왜냐하면 그분의 본성은 언제나 완전하기 때문이다. … '언젠가 아들이 존재하지 않았던 때가 있었다'라는 주장은 하나님께로부터 그분의 말씀을 앗아가는 것이 아닌가. 이는 공공연하게 하나님께는 한때 말씀과 지혜가 없었으며, 광채가 없는 빛이 한때 있었고, 황량하게 메마른 샘물이 한때 있었다고 말하는 것이다."[3] 아타나시오스는 하나님의 아들의 영원한 신성을 부인하는 것이 아버지에 대한 심각한 모욕이라고

---

3   Athanasius, *Four Discourses Against the Arians* 1.14, in NPNF2 4:315.

생각했습니다. "아들에 대한 이러한 도전은 아버지에게 돌려지는 신성모독이다."[4]

아타나시오스에게 신학 전체의 핵심은 복음을 보존하고 지키는 것이었고, 그 복음은 구원에 관한 것이었습니다. 만일 하나님의 아들이 아버지와 동일한 의미에서의 '참 하나님'이 아니라면, 아들은 인류를 구원하실 수 없습니다. 왜냐하면 오직 하나님만이 피조물의 죄를 벗겨 내서 신의 성품에 참여하게 하실 수 있기 때문입니다. 하나님께서는 우리가 죄의 누더기를 벗어 버리고 "그리스도로 옷 입을" 수 있도록, 신성이라는 자신의 합당한 옷을 헐어 빠지고 합당치 않은 죄된 인간의 누더기로 바꾸셨습니다. 아타나시오스는 구원에 관한 "놀라운 교환"wonderful exchange 이론에서 다음과 같은 아주 유명한 표현을 남겼습니다. "그가 사람이 되셨기에 우리가 신의 성품에 참여할 수 있다. 그가 육신으로 자신을 나타내셨기에 우리가 보이지 않는 하나님에 대한 지식을 얻을 수 있다. 그가 인간의 오만을 참으셨기에 우리가 영생을 유업으로 받을 수 있다."[5]

---

4   Athanasius, *Four Discourses Against the Arians* 1.25, in NPNF2 4:320.

5   Athanasius, *On the Incarnation of the Word* 54.3, in NPNF2 4:65. 「말씀의 성육신에 대하여」, 『후기 교부들의 기독론』, 염창선 외 옮김(서울: 두란노아카데미, 2011).

콘스탄티노플 공의회, 문제를 해결하다

373년에 아타나시오스가 사망했을 때, 아리우스주의 황제가 정권을 잡고 있었습니다. 그리고 다양한 형태의 아리우스주의가(일부는 온건했지만 일부는 극단적인) 감독들 사이에서 영향을 미치고 있었습니다. 콘스탄티누스가 니케아 공의회의 성과를 저버린 이래로 갖가지 아리우스주의를 표현하고 있는 신경들이 작성되고 전파되었는데 적어도 12종류 이상이었습니다. 이러한 경쟁하는 신경 중에서 받아들여진 것은 없었지만, 카파도키아〔갑바도기아〕 교부들의 논증과 설명이 없었다면 결국 다수의 감독들과 권력을 지닌 황제가 아리우스주의 또는 반$^+$아리우스주의 신경을 받아들였을 것이고, 그리스도교는 현재의 모습과 다른 종교가 되었을 것입니다.

위대한 카파도키아 교부들(대 바실리오스$^{Basil\ the\ Great,\ 329?-379}$, 니사의 그레고리오스$^{Gregory\ of\ Nyssa,\ 335?-395?}$, 나지안조스의 그레고리오스$^{Gregory\ of\ Nazianzus,\ 329-391}$)의 작업 덕분에, 아리우스주의는 끝끝내 승리를 거두지 못하였습니다. 우리는 여기서 나지안조스의 그레고리오스에 대해서만 고찰해 보려고 합니다. 그는 바실리오스, 그레고리오스, 그리고 이 둘의 누나인 마크리나와 친한 친구였습니다. 나지안조스의 그레고리오스는 콘스탄티노플의 총대감독에 임명되면서 우리 이야기에서 매우 중요해졌습니다. 그 직책은 사실상 로마 감독과 동등한 영예를 지닌, 교회 전체를 통틀어 최고의 직위였습니다. 그리고 그는 381년 콘스탄티노플에 소집된 공의회를 주재하게 되었습니다. 그는 행정가가 아니었으며 그러한 직책을 즐거워하지 않았습니다. 오히려 그는 신학자였습니다.

　　나지안조스의 그레고리오스는 두 개의 서로 연관된 신학적 문제를 정리할 수 있었습니다. 첫째, 당시 사람들은 하나님이 하나 안에 셋이라는 말이 의미하는 바에 대한 문제로 고심하였습니다. 그레고리오스는 바실리오스와 함께 우시아^{οὐσία}(본질)와 휘포스타세이스^{ὑποστάσεις}(위격들)를 구별함으로써 삼위일체의 논리적 모순을 해결하는 데 이바지하였습니다. 하나님의 우시아(본질, 존재, 실체)에 대해 말하는 것은 하나님의 일반적인 본성에 대해 말하는 것입니다. 예를 들어, 하나님은 영원하시며, 형체가 없으시며, 피조물이 아니시며, 무한하시다고 말하는 것입니다. 우시아의 언어로는 "우리는 **무엇**에 대해 이야기하는가?"라는 질문에 이렇게 답할 수 있습니다. "우리는 한 가지$^{one\ thing}$, 즉 하나님에 대해 이야기합니다." 그러나 "우리가 이야기하고 있는 이 하나님은 **누구**신가?"라고 묻는다면, 교회는 "성부, 성자, 성령입니다"라고 답할 것입니다. 하나님의 단일한 우시아(본질)는 세 휘포스타세이스(위격들) 안에서 나타납니다.

위격subsistence이란 개념의 의미가 잘 다가오지 않기 때문에, 보통 휘포스타시스ὑπόστασις(위격)를 보다 단순하게 '인격'person으로 번역합니다. 따라서 신학자들은 신성의 세 인격에 대해 이야기하고 있는 것이죠. 하지만 그레고리오스는 하나님의 세 위격을 '인격'보다는 '관계'로 생각하고 싶어 합니다. 그는 삼위일체 자체 안에 '세 존재'가 있는 것이 아니라 '세 관계'가 있으며, 관계는 본질(존재)이 아니며 그렇다고 단지 행동(행동 양태)으로 볼 수도 없다고 설명합니다. 한 분의 신 존재 내에서 아버지 고유의 정체성은 아들과 성령과의 관계성에 있습니다. 즉, 낳으시는 분이자 발출procession의 근원이신 것이죠. 아들의 고유한 정체성은 아버지로부터 영원히 나시는 분으로 하나님을 나타내는 형상이자 행위자agent입니다. 성령의 고유한 정체성은 아버지로부터 영원히 발출되시는 분으로 하나님의 지혜와 권능입니다. 각 위격의 정체성은 오직 삼위일체의 다른 위격들과의 관계 안에서 정의됩니다. 그러니까 세 위격이 각각 독립적인 존재자로 여겨지면 안 되기 때문에 성부, 성자, 성령이 서로로부터 독립적인 정체성을 갖지 않는다고 설명합니다. 존재론적으로 말하자면, 하나님의 존재는 하나이며, 그 한 존재는 세 관계, 즉 세 위격으로 구성되어 있습니다.

그레고리오스 시대에는 또 다른 당혹스런 물음이 있었습니다. 그것은 아폴리나리오스Apollinarius, 310-390가 제시한 그리스도의 신성과 인성의 결합을 이해하는 새로운 방식과 관련된 물음입니다. 아폴리나리오스는 예수 그리스도의 참된 신성, 곧 예수 안에서 성육신하신 하나님의 아들의 신성을 강조하길 원했습니다. 그는 콘스탄티노플 공의회가 열리기 직전에 어떻게 예수 그리스도가 **참 사람**이자 **참 하나님**이신지, 즉 한 존재(동일본질) 안에 하나님과 인간이 함께 있음에 대해 설명했습니다.

아폴리나리오스의 사상은 인간 인격이 세 가지 구별되는 측면, 더 정확히 말해서 분리될 수 있는 세 가지 측면으로 구성된다는 생각에서 출발합니다. 세 가지 측면이란 몸, 혼, 영(또는 이성적 혼)을 말합니다. 신약성경이 이 세 가지 측면을 언급하고 있지만, 그럼에도 이는 성경보다 플라톤 철학에서 빌려온 것으로 볼 수 있습니다.

아폴리나리오스는 딱 잘라서 몸 또는 물리적 본성을 저급한 본성으로, 영 또는 이성적인 혼을 고등한 본성으로 취급함으로써 신약성경보다 훨씬 더 나아갔습니다. 혼은 인간뿐만 아니라 다른 생명체 안에도 존재하는 것으로, 생명체가 살아 있게끔 하는 생명력입니다. 이는 저급한 본성입니다. 아폴리나리오스에 따르면, 예수 그리스도는 이성적 혼의 자리를 영원한 로고스(하나님의 아들)가 대신하고 있다는 점에서 신적 존재입니다. 그분의 몸과 생기를 주는 혼(생명력)은 인간이었지만 그분의 영(마음, 의식)은 인간이 아니라 신이었습니다. 이러한 그리스도론은 "몸 안에 계신 하나님"God in a bod이라는 인상을 줍니다. 즉, 전지적 존재가 피조물의 몸 안에 거하시며 몸을 수단으로 사용하시지만, 실제로 인간이 된다거나 인간의 유한함과 고통을 경험하시지는 않는다는 느낌을 줍니다. 물론 아폴리나리오스가 그렇게 설명한 동기는 어떻게 예수 그리스도가 하나님(불변하시고, 고통을 느끼지 않으시며, 전지하신 분)이면서 동시에 사람(제한적이고, 유한하며, 고통을 느끼며, 필멸하는 존재)일 수 있는지를 보이려는 것이었습니다. 그는 자신이 새로운 개념을 창안하고 있다고 생각하지 않았습니다. 그는 자신이 그저 오리게네스와 아타나시오스의 그리스도론을 더 나은 방식으로 포괄하고 있다고 생각했습니다. 그의 말이 틀리지 않았는지도 모릅니다.

그러나 콘스탄티노플 공의회를 주재한 나지안조스의 그레고리오스에게는 다음과 같은 직감이 있었습니다. 만일 예수 그리스도의 인성이 완전한 인성이 아니라면, 우리의 인성은 그분의 인성을 통해서 완전히 구원될 수 없다는 것입니다. 그레고리오스는 이 점을 "담당하지 않으신 것은 치유된 적 없다"라는 공식으로 표현했습니다.[6] 다시 말해, 예수의 인성이 고스란한 인간 본성이 아니면(몸, 혼, 영 모두 인간 본성이 아니라면) "놀라운 교환"도 있을 수 없습니다. 하나님의 아들은 인간의 본성을 치유 또는 회복하기 위해 자신의 신적 본성을 인간의 모든 본성(인간 존재에게 본질적인 모든 것)과 결합하셔야 했습니다. 그분 안에 인간이 아니었던 부분이 우리에게 있다면, 그런 부분은 우리 안에서 치유의 힘을 발휘하지 못할 것입니다. 그레고리오스는 아폴리나리오스주의가 구원의 기반을 위태롭게 만들기 때문에 그를 거부해야 한다고 여겼습니다.

나지안조스의 그레고리오스의 지도하에 진행되었던 콘스탄티노플 공의회는 아폴리나리오스의 견해들을 모두 거부하고, 성육신에 대한 정통적 이해를 명확하게 다듬었습니다. 뿐만 아니라 니케아 신경이 삼위일체를 온전하게 표현하도록 개정하였습니다. 즉, 성령이 성부보다 못하다거나 혹은 성부에게 종속된다는 암시를 피하고, 아버지, 아들, 성령이 단지 한 분 하나님이 필요에 따라 취할 수 있는 양태 또는 형태라는 암시도 피했습니다. 니케아-콘스탄티노플 신경으로도 알려져 있는 개정된 니케아 신경은 다음과 같습니다.

---

6   Gregory of Nazianzus, *Letter 101*, quoted in Anthony Meredith, *The Cappadocians* (Crestwood, N.Y.: St. Vladimir's Seminary Press, 1995), p. 44.

우리는 한 분 하나님을 믿사오니,

하나님은 전능하신 아버지시며

유형무형의 만물을 창조하셨습니다.

우리는 한 분이신 주 예수 그리스도를 믿사오니,

그분은 하나님의 외아들이시며

영원에서 아버지께로부터 나신 분입니다.

곧 하나님으로부터 나신 하나님이시며,

빛으로부터 나신 빛이시요

참 하나님으로부터 나신 참 하나님이십니다.

지음받지 않고 나신 분이시며

아버지와 한 존재이십니다.

그분으로 말미암아 만물이 생겨났습니다.

그분은 우리 인간을 위하여, 우리의 구원을 위하여

하늘에서 내려오셨습니다.

성령의 능력으로

동정녀 마리아에게서 성육신하시어

사람이 되셨습니다.

우리를 위해 본디오 빌라도 치하에서 십자가에 못 박혀

죽음의 고난을 당하시고 묻히셨습니다.

성경 말씀대로 삼 일 만에 부활하시어

하늘에 오르시고 하나님 우편에 앉아 계십니다.

산 자와 죽은 자를 심판하시러

영광 속에 다시 오시리니

그의 나라는 끝이 없을 것입니다.

주님이시요 생명을 주시는

성령을 우리가 믿사오니,

그분은 아버지(와 아들)로부터 발출하셔서

성부와 성자와 더불어 예배와 영광을 받으십니다.

성령께서는 예언자들을 통하여 말씀해 오셨습니다.

우리는 하나의 거룩하고 보편적이며 catholic

사도적인 교회를 믿습니다.

우리는 죄를 사하는 하나의 세례를 알며,

우리는 죽은 자의 부활과

다가오는 세상의 삶을 기다립니다. 아멘. [7]

---

[7]   Gerald Bray, *Creeds, Councils and Christ* (Downers Grove, Ill.: InterVarsity Press, 1984), pp. 206-207.

테오도시우스 황제의 칙령으로 니케아 신경은 모든 그리스도교 성직자들이 의무적으로 받아들여야 하는 기본적이고 보편적인 신앙 진술이 되었습니다. 그리고 칼케돈에서 열린 제4차 에큐메니칼 공의회에서 재천명되었습니다. 나중에 기록된 다른 신경이나 신앙 고백도 있지만, 정교회와 로마 가톨릭과 주류 개신교(또는 관 주도형 종교개혁으로부터 이어져 온 개신교) 전통에서 작성한 모든 신경과 고백은 이 니케아 신경을 상술하여 해석한 것으로 여겨집니다. 이 신경은 그리스도교 세계에서 가장 보편적인 고백입니다.

갈등이 다시 시작되다

콘스탄티노플 공의회와 니케아 신경의 개정으로 인한 긍정적인 결과 하나는 삼위일체에 대한 물음을 사실상 정리했다는 점입니다. 이 공의회 이후로 모든 그리스도인들은 하나님을 믿되, 구별된 세 위격 내지 인격으로 영원히 계시는 단일한 신적 존재로 믿고 고백하도록 요구받습니다. 세 위격이 하나의 존재로서 동등한 신적 위엄과 영광을 지닌다는 점에 대해 감히 의문을 제기하는 사람에게는 교회 지도자가 될 기회가 주어지지 않았습니다.

또한 공의회는 참된 그리스도교의 정통적 가르침에는 예수 그리스도가 참 하나님이면서 동시에 참 사람이라는 믿음이 반드시 포함된다고 공표하였습니다. 즉, 예수 그리스도는 아버지 하나님 및 인간과 동일한 본질을 지닌다는 내용입니다.

그러나 불행히도 **어떻게** 신성과 인성이 한 인간 안에서 결합되는지는 여전히 불분명했습니다. 알렉산드리아와 안디옥의 감독들과 신학자들, 그리고 제국 전역에 있는 그들의 추종자들은 신-인 결합의 성격에 대해 서로 다른 목소리를 내며 논쟁하였습니다. 예수 그리스도께서 성육신하셨다는 점에 대해서는 모두 일치했습니다. 그 고백 자체는 논쟁할 문제가 아니었습니다. 콘스탄티노플 공의회 이후의 문제는 다음과 같은 것이 되었습니다. 그리스도인들은 예수 그리스도의 인성과 신성을 어떻게 설명하고 표현해야 하는가?

알렉산드리아의 그리스도인들과 안디옥의 그리스도인들은 서로 전혀 다른 방식으로 저 문제에 답을 제시했습니다. 알렉산드리아인들은 삼위일체가 한 실체 또는 한 본성에 세 위격인 것처럼, 예수 그리스도도 한 본성에 한 인격이라고 주장했습니다. 하나님이라는 본성과 인간이라는 본성은 그분 안에서 결합되는데 이는 너무 완전한 결합이어서 두 본성이 복합체 또는 혼성체를 이룹니다. 안디옥인들은 예수 그리스도가 두 본성에

두 인격이라고 주장하였습니다. 법적인 시각에서 볼 때 여러 사람
으로 구성된 공동체나 집단에 법인격이 있는 것처럼, 두 인격은
또한 한 인격으로 생각될 수도 있습니다. 안디옥 사람들은 인격
성에 관한한 둘이 둘로 남아 있으면서 동시에 하나가 될 수 있
다고 주장하였습니다.

네스토리오스와 키릴로스, 논쟁을 거세게 몰아가다

428년 안디옥 사람인 네스토리오스^{Nestorius, 450년 사망}는 감독들
이 선망하는 자리였던 콘스탄티노플 감독에 임명되었습니다.
황제가 임명한 것이지요. 네스토리오스의 생애에 대해서는 별로
알려진 바가 없습니다. 다만 그가 성육신을 '두 본성'으로 이해
한 안디옥 학파의 해석을 굳세게 지지했다는 점은 분명합니다.
이는 예수 그리스도가 신성과 인성의 연결체였다는 주장으로,
영원한 하나님의 로고스와 인간 예수가 밀접하게 연합되었다는
것입니다. 알렉산드리아 학파 사람들은 네스토리오스의 견해
가 받아들여지는 것을 두고 볼 수 없었습니다. 콘스탄티노플
주교 자리를 항상 눈독들이고 있었던 알렉산드리아의 감독 키릴
로스^{Cyril, 444년 사망}는 네스토리오스와 서신으로 논쟁을 벌이며

선봉에 서서 네스토리오스를 공격하였습니다.

네스토리오스는 키릴로스의 편지에 응답하는 과정에서 성육신에 관한 연결conjunction 개념을 설명하려 했습니다. 그런데 그 과정에서 스스로 곤경에 빠지게 되었습니다. 키릴로스는 네스토리오스가 자신의 생각을 설명하다 보면 결국 그의 사상이 무엇인지가, 즉 교묘한 형태의 양자론adoptionism이라는 점이 드러날 것이라고 예상했습니다. 양자론은 사람의 몸이었던 예수가 순전히 하나님의 로고스에 의해 양자로 입양되었다는 주장입니다. 네스토리오스주의와 양자론은 하나님의 아들이 실제로 인간 존재가 되지 않았다는 점에서 유사합니다. 네스토리오스주의의 연결 개념에서 예수의 인성은 하나님의 아들과 본성이 구별될 뿐만 아니라 인격도 다릅니다. 네스토리오스는 결혼의 유비를 사용하면서 그가 정말 품고 있던 바를 드러냈습니다. 그는 독립된 두 인격이 결혼을 통해 합하여 서로의 차이를 초월하는 하나의 연합을 이루는 것과 같이, 하나님의 아들과 다윗의 자손이 서로 다른 본성을 초월하는 하나의 연합(하나님의 아들이 시작한 연합)을 이루었다고 주장했습니다. 물론 그가 말했던 것처럼 이 연합은 어떤 인간적인 우애나 결혼보다 더 강력하게 유대하고 협력하는 의지의 결합입니다.

네스토리오스의 의도가 건전했다는 점은 의심의 여지가

없습니다. 그는 '본성의 연합'을 상정함으로써 성육신 속에서도 하나님의 본성과 인간의 본성을 그대로 보존하고 싶었습니다. 그는 또한 예수 그리스도의 인성을 제대로 다뤄서 그분의 인성이 신성 안에 흡수되거나 우리의 것과는 다른 인성이 되지 않게 하고자 했습니다. 하지만 그가 훌륭한 의도—그 중 상당수를 보다 정통적인 그리스도인들이 공유하고 있습니다—를 가지고 했다 하더라도 그리스도의 연합을 잘 설명한 것은 아니었습니다. 신-인의 결합이라는 설명에서 인간 예수는 태어나고 배우고 유혹받고 죽임당하고 부활한 반면, 신적인 그리스도는 기적을 행하고 하나님의 지혜를 드러내고 인류를 구원하였습니다. 네스토리오스는 어떻게 두 인격의 연결이 한 인격으로 여겨질 수 있는지를 설명하려고 용감하게 시도하였지만, 결국 그가 묘사한 그리스도는 하나가 아니라 두 개별 인격체라는 점이 드러났습니다. 하나님의 아들이 '몸소' 인간의 실존을 실제 경험한 것이 아니라 그저 '인간과의 유대를 통해서' 경험한 셈입니다. 네스토리오스의 그리스도론이 세련된 양자론에 지나지 않는다는 키릴로스의 비판은 옳았습니다.

키릴로스는 네스토리오스의 딜레마에 대한 해결책으로 **위격적 연합**이라는 교리를 제시했습니다. 대교회는 하나님이 그리스도 안에서 성육신하신 신비를 설명하고 표현할 때 이 교리를 토대로 하게 되었습니다. 간단히 설명하자면, 예수 그리스도의 삶에서 그 주체는 하나님의 아들이었고, 그분은 스스로 인간의 본성과 실존을 취하셨지만 여전히 참 하나님이셨다는 것입니다. 그러니까 키릴로스에 따르면 성육신 안에 별개의 인격을 지닌 인간 주체는 없었습니다. 예수 그리스도의 위격(인격)은 마리아를 통해서 인간 육체를 취하기 위해 자신을 낮추신 영원한 하나님의 아들이십니다. 키릴로스는 마리아가 육체를 지닌 하나님을 낳았다고 주장했습니다. 이것이 성육신의 본질입니다.

키릴로스가 마음에 들어 했던 성육신을 표현하는 문구는 다음과 같습니다. "로고스이신 하나님은 어떤 사람 안에 들어가신 것이 아니다. 그분은 여전히 하나님이셨지만 '정말로' 사람이 되신 것이다."[8] 키릴로스는 '연결'이라는 연합 개념을 전적으로 거부했습니다. 그리고 위격적 연합이란 개념으로 대체했습니다. 두 개의 본성이 한 위격 내지 한 인격적 주체인 로고스로 연합한 것입니다. 그는 네스토리오스의 연결 개념이 결국 두 인격(한 사람과 한 신) 사이의 협력과 마찬가지라고 생각했습니다. 사람과 신이 협력한다는 것은 예언자에게나 해당될 수 있는 말입니다.

---

8   Aloys Grillmeier, *Christ in Christian Tradition*, vol. 1, *From the Apostolic Age to Chalcedon (451)*, 2nd rev. ed., trans. John Bowden (Atlanta: John Knox, 1975), p. 477.

네스토리오스의 견해는 궁극적으로 양자론적인 것입니다. 키릴로스는 로고스라는 한 위격 안에 인성과 신성이 강하게 연합되어 있어서 '연합 후에는 한 본성'이라고 말해야 한다고 주장했습니다. 다시 말해, 그리스도의 인성과 신성을 두 개의 구별되는 본성들^{φύσεις}로 생각하는 것이 개념상으로는 가능하더라도, 성육신 안에서 본성의 연합은 두 본성을 실제로 '한 본성'으로 만들었습니다.

에베소 공의회

431년, 이 문제를 해결하기 위해서 에베소에 공의회가 소집되었습니다. 키릴로스와 그를 충실하게 따르는 감독들이 에베소에 며칠 먼저 도착했습니다. 그 시점에 모인 사람 중 유일한 총대감독이 키릴로스였는데, 그는 자기 무리가 아닌 사람들이 아직 모이지 않은 상태에서 개회를 선언하였습니다. 네스토리오스는 물론 안디옥 학파의 입장에 선 사람들이 아직 오지도 않은 상황에서 회의 진행을 시작한 것이죠. 감독들은 키릴로스가 성육신을 이해한 방식을 니케아 신경에 대한 참되고 권위 있는 해석, 즉 그리스도의 위격에 어울리는 해석으로 지지하기 위해 투표하였습니다. 이에 따라 에베소 공의회는 네스토리오스를 정죄하였으며, 그의 그리스도론은 이단으로 간주되었습니다.

키릴로스의 주도 하에 진행된 에베소 공의회가 끝나자, 안디옥의 감독과 그의 동료들이 도착했습니다. 그들은 즉시 철수하여 곧바로 에베소 공의회에 대항하는 공의회를 소집하고 주최하였습니다. 그들은 키릴로스와 그가 사용한 표현을 정죄하고 네스토리오스를 콘스탄티노플 총대감독으로 복권시키는 일을 착수했습니다. 그러나 그들이 일을 마치기 전에, 서방의 감독들과 로마에서 교황 사절단이 와서 키릴로스에게 가담하였습니다. 그리고 네스토리오스를 정죄하고 파면하는 결정을 재가했습니다. 이 모든 일은 매우 혼란스러운 일이었습니다. 그래서 결국 황제에게 해결을 요청하기에 이르렀습니다.

분열이란 말이 황제에게 들리자 그는 당파들이 서로 타협하고 화해하도록 강한 압박을 가했습니다. 황제는 키릴로스가 두 본성 교리를 정통 그리스도론으로 확언하는 데 동의하는 조건으로, 네스토리오스를 파면하고 유배한다는 공의회의 결정을 지지하기로 했습니다. 마지못해 키릴로스는 그리스도 안에 있는 두 본성을 나누어지는 것으로 여기지 않는 한 동의한다고 하였습니다. 키릴로스는 다음과 같이 말합니다. "본성들의 구별은 반드시 필요하나, 본성들의 구분은 괘씸한 생각이다.

두 본성δύο φύσεις에 대해 말하는 것은 구별 짓는 것이지 그 자체를 분리하는 것이 아니다. 둘로 나누려는 괘씸한 의도가 들어갈 때에만 분리라는 결과가 나온다."[9]

키릴로스는 분명히 "연합 후에는 한 본성만 있다"는 표현을 선호했습니다. 그리고 그의 알렉산드리아 동료들과 추종자들 다수는 키릴로스의 타협에 경악했습니다. 그들은 키릴로스가 너무 과한 대가를 지불했다고 느꼈습니다. 말하자면 그리스도 안에서의 두 본성에 대해 말하도록 용인한 것은 그들에게 너무 중요한 것을 포기한 셈입니다. 결국 그들은 두 본성이 두 인격을 함축하지 않느냐고 따졌습니다. 키릴로스는 안디옥 학파와 자신의 타협안을 변호했습니다. 그는 교회사에서 재연합 신조 Formula of Reunion로 알려진 문서에서 두 본성은 오직 사고 속에서만 구별될 뿐 실재 있어서는 그렇지 않다고 주장했습니다. 그렇다고 안디옥 학파 사람들이 이 말에 동의했을 가능성은 거의 없습니다. 안디옥 학파 사람들은 그리스도의 두 본성이 그저 사고 안에서만 구별되는 것이 아니라 존재론적으로 구분된다고 생각했습니다.

알렉산드리아와 안디옥의 감독들은 433년의 재연합 신조에

---

9   Grillmeier, *Christ in Christian Tradition*, p. 479.

서명했고 황제는 이를 재가했습니다. 이 재연합 신조로 인해 두 도시 사이의 완전한 분열은 피할 수 있었습니다. 양측 모두 어느 정도 자신들이 원했던 것을 얻어 냈습니다. 알렉산드리아 학파 사람들은 네스토리오스가 정죄받고 추방당한 것을 보았습니다. 그리고 네스토리오스를 대신하여 많은 이들이 그가 돌아오도록 노력하였지만 끝끝내 돌아오지 못하였습니다. 안디옥 학파 사람들은 알렉산드리아 학파가 성육신을 두 본성의 연합으로 인정하는 것을 보았습니다. 그러나 에베소 공의회와 재연합 신조는 그저 일시적인 합의에 그치는 것이었음이 이내 드러났습니다.

에베소 공의회 이후에도 논쟁이 계속되다

키릴로스의 뒤를 이어 디오스코로스Dioscorus, ?-454가 알렉산드리아의 총대감독이 되었습니다. 교회사에서 이 인물만큼 어디서나 욕먹고 비웃음거리가 된 인물도 드뭅니다. 디오스코로스는 안디옥 학파 사람들이 그리스도의 본성에 대한 논쟁을 재개하도록 미끼를 놓았습니다. 그는 논란이 새롭게 일어나서 한 번 더 에큐메니칼 공의회가 소집되기를 바랐습니다. 그의 미끼는 콘스탄티노플의 늙은 수도사 유티케스^{Eutyches, 380?-456?}였습니다. 유티케스는 어딘가 어리숙했지만 영향력이 컸습니다. 유티케스는 알렉산드리아 학파의 주장을 강하게 지지했습니다. 키릴로스가 죽은 뒤 유티케스는 그리스도의 한 본성과 관련하여 디오스코로스의 편에 섰습니다. 유티케스의 언어가 키릴로스의 언어보다 한 걸음 더 나아간 것은 분명합니다. 유티케스는 "(신성과 인성이) 연합하기 **전**에는 두 본성이나 연합 **후**에는 또는 연합의 결과는 오직 한 본성"이라고 주장했습니다. 그는 마리아가 예수를 임신한 순간부터 예수 그리스도가 인성과 신성이 함께 혼합된 혼성이었고, 신성이 인성을 압도하여 집어삼키며 두 본성이 섞여서 단일한 신-인 본성이 되었다고 가르친 것으로 보입니다. 비판가들은 '만일 이것이 사실이라면 실제로 예수께서 어떻게 우리의 중보자가 되셨는가?'라고 반문했습니다. 그의 말이 맞다면, 어떻게 예수께서 아담의 타락을 되돌려서 인류를 총괄갱신하는 과정을 겪으실 수 있었을까요? 이레나이우스가 감명 깊게 이야기했던 총괄갱신을 어떻게 설명할 수 있을까요? 어떻게 십자가상에서 예수의 죽음이 인류를 대표할 수 있겠습니까?

디오스코로스는 448년 콘스탄티노플에서 유티케스를 정죄하기 위해 열린 감독회의를 교묘하게 조종했습니다. 그가 유티케스에 대한 정죄를 유발시킨 이유는 이 콘스탄티노플의 수도사에게 알렉산드리아에서 은신처를 제공하여 알렉산드리아 사람들과 유대감을 갖게 한 다음, 그가 당한 정죄 및 알렉산드리아에서 나눈 친교를 이용해 안디옥 학파의 지도자들과 대결을 유발하려는 것이었습니다. 심지어 콘스탄티노플 총대감독과도 대결하게끔 한 것이죠.

디오스코로스는 449년 에베소에서 개최된 새로운 공의회에서 자신의 바람을 이루었습니다. 그러나 이 공의회는 그리스도교 세계의 네 번째 공의회가 아니라 "강도 회의"Robber Synod로 알려지게 되었습니다. 디오스코로스는 중무장한 수도사 패거리들과 함께 도착하였고, 재빠르게 전체 회의를 장악했습니다. "연합 이전에는 두 본성이나 연합 이후에는 한 본성"이라는 유티케스의 표현이 정통으로 승인되었습니다. 그리고 안디옥 학파를 주도하는 대표자인 데오도레토스Theodoret of Cyrus, 393-457/458?와 그 밖에 네스토리오스파로 불리는 사람들은 "하나님께 도전하는 자들"로 정죄되었으며, 교회에서의 지도자 지위도 박탈당했습니다. 회의에 참석한 알렉산드리아의 일부 감독들과 다수의 수도사들은 저들을 화형에 처하자고 소리쳤습니다. 아마 여기서 최악의 사태는 콘스탄티노플의 총대감독 플라비아노스가 그 자리에 도착한 일일 것입니다. 그는 로마의 감독인 레오가 쓴 유티케스를 반대하는 문서를 가지고 왔습니다. 이 서간은 교회사에서 『레오의 교서』*Leo's Tome*로 알려진 것으로, 훗날 이 가장 불행한 교리적 갈등을 해결하여 확정짓는 데 아주 중요한 역할을 합니다. 교황 레오 1세(아마도 실제로 교황 역할을 한 첫 번째 로마 감독일 것입니다. 그는 사실상 이탈리아와 서방 교회 전체를 감독했습니다)는 유티케스를 정죄하고 정통 그리스도론을 정리하려고 플라비아노스에게 장황한 교리 서신을 보냈습니다. 플라비아노스는 교황이 쓴 편지를 낭독하려 했는데, 디오스코로스쪽 수도사들이 그를 너무 심하게 때리는 바람에 얼마 지나지 않아 죽었습니다.

에베소에서 열린 강도 회의가 끝날 때 "알렉산드리아의 감독에게는 안디옥 학파의 교리에 맞서 싸워서 얻은 결과에 만족할 만한 충분한 이유가 있었습니다."[10] 기세의 전환이 감지되자, 황제 테오도시우스 2세는 안디옥에서 알렉산드리아로 마음을 돌리고 공의회의 결의를 전적으로 지지했습니다. 이 회의는 얼마간 제4차 에큐메니칼 공의회 또는 제2차 에베소 공의회로 자리매김했습니다. 알렉산드리아가 완전히 승리한 것처럼 보였습니다. 유티케스주의가 승리를 거둔 것입니다. 그러나 얼마 후

---

10   R. V. Sellers, *The Council of Chalcedon: A Historical and Doctrinal Survey* (London: SPCK, 1961), p. 87.

테오도시우스 2세가 말에서 떨어지는 사고로 죽었습니다. 때는 450년 7월 28일이었습니다.

칼케돈 공의회와 칼케돈 정의

테오도시우스 황제의 누나이자 후임자인 풀케리아는 남편^{consort} 마르키아누스와 함께 449년에 있었던 강도 회의라는 끔찍한 결의를 뒤엎는 과정에 곧바로 착수하였습니다. 그들은 플라비아노스의 시신을 에베소에서 가져와서 콘스탄티노플에 있는 하기아 소피아대성당(하기아 소피아는 거룩한 지혜라는 뜻)에 안장하였습니다. 이 성당은 수도 중앙에 위치하고 있었습니다. 그리고 제2차 에베소 공의회를 제4차 에큐메니칼 공의회로 대체할 새로운 공의회가 451년 5월 콘스탄티노플 근처 칼케돈에 소집되었습니다. 그리스도교 세계의 대교회의 모든 감독들이 참석 명령을 받았고, 회의에 앞서 『레오의 교서』가 배포되었습니다. 그러나 레오 자신은 칼케돈 공의회에 참석하지 않았는데, 서방이 아닌 동방에서 열렸기 때문일 것입니다.

451년 8월, 칼케돈 공의회가 거창하게 열렸습니다. 500명의 감독과 18명의 고위 관료들이 참석했고, 황제 부부도 참석했습니다. 레오의 추종자들과 안디옥 학파 사람들이 한쪽에 앉았고 디오스코로스와 그 무리들은 다른 편에 앉았습니다. 황제의 권력이 아니었다면 저 사람들을 한 장소에 모으지 못했을 것입니다. 데오도레토스도 회의장에 들어왔습니다. 그가 들어왔다는 사실이 공의회 첫 회기의 첫 번째 사건일 것입니다. 그는 강도 회의 때 정죄되었고 심지어 그를 화형하자는 말까지 있었으니까요. 그가 들어오자 큰 소요가 있었지만 황후와 그녀의 경비대가 감독들을 진정시켰고 그는 자리에 앉았습니다. 에베소에서 결의한 강도 회의 내용이 큰 소리로 낭독되었고 이에 대해 토론하였습니다. 디오스코로스의 지지자들은 점점 그를 버리고 강도 회의의 결정을 포기하기 시작했습니다. 그리고 데오도레토스를 박해한 일과 플라비아노스의 죽음에 관여한 일을 후회한다고들 했습니다. 디오스코로스만 호전적으로 449년에 에베소에서 있었던 일의 타당성을 주장하면서 그 결정을 옹호했습니다. 해질녘에 감독들은 디오스코로스를 알렉산드리아의 대감독직에서 파면하고 그를 비롯하여 악명 높은 에베소 공의회의 주동자들을 추방하는 안건을 표결했습니다.

『레오의 교서』는 회기마다 큰 소리로 낭독되고 토론되었습니다. 수많은 토론을 거쳐서, 『레오의 교서』 및 키릴로스가 네스토리오스와 안디옥의 요한에게 보낸 편지에 적힌 언어와 개념들에 크게 기대어 새로운 신조를 작성하고 합의하였습니다. 감독들은 새롭게 작성한 칼케돈 신조Formulary of Chalcedon(칼케돈 정의Definition of Chalcedon로 더 잘 알려진)가 새로운 신경이 아니라 381년의 니케아 신경을 해석하고 상술한 것임을 아주 분명히 하고자 했습니다. 451년 10월 25일, 황제와 감독들은 칼케돈 신조를 최종 승인하고 서명하였습니다. 칼케돈 신조의 핵심은 다음과 같습니다.

> 그러므로 우리 모두는 만장일치로 거룩한 교부들을 따라서 다음과 같이 고백하도록 가르칩니다.

> 한 분이시며 동일한 아들이신 우리 주 예수 그리스도는
> 신성에 있어 동일하게 완전하시고,
> 인성에 있어서도 동일하게 완전하시며,
> 참 하나님이시요 참 사람이시고,
> 동일하게 이성적 혼과 몸을 지니십니다.
> 아버지와 신성에 있어 동일본질이시고,
> 우리와 인성에 있어 동일본질이시므로
> 죄를 제외하고 우리와 모든 점에서 동일하십니다.
> 신성에 있어 그는 만세 전에 아버지께로부터 나신 분이시며,

동일하신 분이 인성에 있어서는

마지막 날에 우리와 우리의 구원을 위하여

동정녀 마리아 곧 테오토코스^{θεοτόκος}[하나님을 나신 분/하나님의

어머니]에게서 나셨으니,

한 분이시며 동일한 그리스도시요 아들이신 주님은

독생자이시며,

두 본성 안에서 혼동도 없고 변화도 없으며

나뉨이나 분리도 없으십니다.

본성들의 차이는 결코 연합으로 인해 없어지지 않고,

각 본성의 속성은 하나의 인격^{πρόσωπον}과

하나의 위격^{ὑπόστασις} 안에서 보존되고 결합되며,

두 인격으로 개별화되거나 나뉘지 않습니다.

다만 그분은 한 분이시요 동일한 아들이시며,

독생하신 하나님의 말씀이신 주 예수 그리스도십니다.

이는 옛 예언자들과

예수 그리스도께서 몸소 자신에 대해 가르쳐 주신 바요,

우리의 교부들의 신경이 우리에게 전해 온 바입니다.[11]

---

11   Bray, *Creeds, Councils and Christ*, p. 162.

칼케돈 정의의 진짜 핵심은 칼케돈의 네 가지 울타리로 알려진 "혼동이나 변화나 나뉨이나 분리가 없으십니다"라는 표현입니다. 이 네 개의 문구가 위격적 연합(그리스도의 한 인격 안에 있는 두 개의 온전하고 완전한 본성)의 신비를 둘러싸서 지키는 '울타리' 역할을 합니다. "혼동이 없다"와 "변화가 없다"는 문구는 유티케스주의 이단으로부터 신비를 보호합니다. 유티케스주의는 신성과 인성으로부터 혼합물(제3의 무언가 *tertium quid*)을 만들어 냄으로써 위격의 일치를 보존하려 했습니다. "나뉨이나 분리가 없다"는 문구는 네스토리오스주의 이단으로부터 신비를 보호합니다. 네스토리오스주의는 인성과 신성을 갈라서 두 개의 서로 다른 위격으로 분리함으로써 인성과 신성의 구별을 강조하려 했습니다. 칼케돈 정의는 이 울타리 중 어느 하나를 침해하지 않는 한 성육신의 신비를 여러 다른 방식으로 표현할 수 있다고 말합니다. 그러니까 칼케돈 정의는 신비를 환원하고 축소하려 한 것이 아니라, 보호하려 한 것입니다.

칼케돈 공의회는 안디옥과 알렉산드리아 사이의 논쟁을 해결하였습니다. 그러나 이것이 그리스도의 본성들, 인격, 의지(들)에 대한 모든 논의를 종결시켰다는 말은 아닙니다. 실제로 동방교회는 200년 이상 계속 논쟁을 이어갔고, 그 결과 콘스탄티노플에서 공의회를 두 번 더 열었습니다. 그러나 서방교회의 관심은 그리스도론 논쟁에서 나와서 다른 새로운 도전들로 옮겨가고 있었습니다.

제Ⅲ막

갈라지는 이야기

아우구스티누스 펠라기우스

그레고리우스 I

대분열

안셀무스 아벨라르

아퀴나스

오컴

위클리프

아우구스티누스 Augustine, 354-430의 생애는 다른 어떤 교회 교부들의 삶보다 훨씬 더 잘 알려져 있습니다. 실제로 우리는 고대 세계의 다른 어떤 인물의 삶보다 아우구스티누스의 개인적인 삶에 대해 더 잘 알고 있을 것입니다. 그가 『고백록』Confessions 으로 알려진 상당히 믿을 만한 자세한 자서전을 썼기 때문입니다. 이 책은 그가 자신의 영적 여정을 회고하며 하나님께 감사를 올리는 기도문 형식으로 되어 있습니다. 그럼에도 그의 유년기, 가족, 청년기, 초창기의 몸부림들, 정신적·육체적 건강, 회심, 북아프리카 교회의 주도적 인물로서의 삶과 신학적 발전(그는 히포의 주교가 되었습니다)에 대해서도 상당히 많은 이야기를 담고 있습니다. 아우구스티누스는 독자들에게 별달리 숨기지 않고 기록했습니다. 그는 어린 시절부터 성년기에 이르기까지 자신이 지은 은밀한 죄들을 상세히 펼쳐 놓았습니다. 그리고 곳곳마다 치유하시고 변화시키시는 하나님의 은총의 힘을 강조하고 있습니다.

아우구스티누스, 하나님의 영광과 인간의 타락을 고백하다

어떤 이들은 아우구스티누스 특유의 신학 방식에 아우구스티누스주의라는 딱지를 붙여 왔습니다. 그리고 그 주요한 특징이 "하나님의 절대 주권에 대한 강조와 그것에 동반되는 인간 영혼의 절대 무력 및 하나님의 은혜에 대한 의존성"[1]에 있다고 봅니다.

물론 이러한 아우구스티누스 신학의 핵심은 그가 전적으로 새롭게 고안한 것이 아닙니다. 그 이전의 교회 교부들도 하나님의 주권과 은혜에 대한 인간의 의존성을 믿고 가르쳤습니다. 그러나 아우구스티누스는 이러한 사상들을 새롭게 해석하고 새로운 방식으로 서로 연결시켰습니다. 아우구스티누스주의는 독력주의monergism라고 불리는 것을 그리스도교 사상의 흐름에 도입했습니다. 이는 인간 행위자는 전적으로 수동적이며 신적

---

1   T. Kermit Scott, *Augustine: His Thought in Context* (Mahwah, N.J.: Paulist, 1995), p. 153.

행위자가 보편 역사와 개인의 구원을 모두 전적으로 결정한다는 신념입니다. 오늘날 많은 사람들은 이미 이 사상의 한 부분을 알고 있습니다. 바로 '예정론'입니다. 사람들은 예정론을 16세기의 개신교 종교개혁자 장 칼뱅과 기계적으로 연결시킵니다. 하지만 예정과 구원에 대한 아우구스티누스의 독력주의적 개념은 예정론보다 광범위한 관점을 지니고 있습니다. 여기에는 하나님만이 유일한 능동적 행위자이자 원동력이고, 인간은 개인이든 집단이든 하나님의 은혜 혹은 진노의 도구이자 수단이라는 관점이 있습니다.

그러나 아우구스티누스의 독력주의는 어떤 반작용을 통해 나온 신학임을 이해하는 것이 중요합니다. 은혜, 구원, 죄의 영향력에 대한 아우구스티누스의 이해는 펠라기우스의 글을 반박하면서 나온 것입니다. 그래서인지 간혹 이 주제들에 대한 그의 견해는 매우 신랄한 언어로 표현되어 있습니다. 그리고 아우구스티누스의 신정론(악의 문제와 선악의 본성에 대한 견해)과 교회론도 이와 동일한 방식으로 형성된 것입니다. 즉, 신정론은 마니교, 교회론은 도나투스주의와 논쟁을 벌이면서 형성된 것입니다.

펠라기우스주의 문제

아우구스티누스는 회심한 후부터 계속 구원에 있어 하나님의 은혜와 능력을 매우 강조하는 경향이 있었습니다. 그 자신의 회심 경험에서 하나님의 행동이 너무 압도적이어서 그에게는 저항할 수 없는 것으로 보였습니다. 그가 하나님을 선택한 것이 아니라 하나님이 그를 선택하신 것이었습니다. 그는 이러한 자신의 인상이 로마서 9-11장과 같은 사도 바울의 가르침을 통해 확증된다고 믿었습니다. 『고백록』에서 그는 자신을 주권적으로 변화시킨 하나님께 감사와 찬양을 드립니다. 아우구스티누스는 모든 영광을 하나님께 돌렸고, 반대로 어떤 선한 일도 할 수 없는 자신의 무력함을 다음과 같이 시인했습니다. "저의 모든 소망은 전적으로 당신의 크나큰 자비에 있습니다. 명하시는 것을 〔할 수 있도록〕 베풀어 주시고, 뜻하신 바를 명하소서. 당신께서는 절제를 요구하십니다. 누군가 이렇게 말했습니다. '하나님께서 베풀어 주시지 않으면 아무도 절제할 수 없음을 내가 아노니, 이것이 누구의 선물인지를 아는 것 자체도 지혜입니다'(지혜서 8:21)."[2]

---

2   Augustine, *Confessions*, trans. Henry Chadwick (New York: Oxford University Press, 1991), p. 202. 『고백록』, 성염 옮김(파주: 경세원, 2016).

405년 경 브리튼인 수도사 펠라기우스$^{Pelagius, 360?~420?}$가 로마에 도착했을 때, 그는 한편으로 수많은 그리스도인들이 도덕적으로 음란한 생활을 한다는 사실을 알게 되었고, 다른 한편으로 이렇게 그리스도인들이 도덕적 순결과 순종에 점점 무관심해지는데도 교회의 다른 그리스도인들이 개의치 않는 것을 보게 되었습니다. 그는 어떻게 이런 일이 가능한지 그 원인을 찾기 시작했습니다. 그가 윗 문단에서 인용한 아우구스티누스의 기도를 읽었을 때 혹은 전해 들었을 때 그는 충격을 받았습니다. 그리고 이것이 저 도덕적 문제의 근원이라고 확신했습니다. 펠라기우스의 논증을 요약하자면 이렇습니다—만일 그리스도인들이 하나님께서 절제의 은사를 주시지 않는 이상 (부도덕한 행위를) 절제할 수 없다고 확신하게 되었다면, 그리스도인들이 음욕을 참지 않더라도 놀랄 일은 아니다. 펠라기우스는 『본성에 관하여』라는 저술을 써서 아우구스티누스의 견해를 비난했고 인간이 '타고난 자질'을 통해 죄 없는 삶을 살 수 있으며 또 그렇게 살아야 할 책임이 있다고 주장했습니다. 이는 원죄와 자유의지와 은혜에 관한 엄청난 논쟁을 유발시킨 기폭제였습니다. 서방 교회는 단속적이긴 했지만 그래도 백 년도 더 되는 긴 세월을 이 논쟁에 소비했고, 그 이후에도 계속해서 되풀이하고 있습니다.

펠라기우스에 대한 아우구스티누스의 응답

아우구스티누스가 주도했던 펠라기우스의 반대자들은 세 가지 측면에서 그가 이단이라는 혐의를 제기했습니다. 첫째, 그들은 펠라기우스가 원죄를 부인한다고 주장했습니다. 둘째, 그들은 하나님의 은혜가 구원에 필수적임을 그가 부인하고 있다고 비난했습니다. 펠라기우스는 구원을 시작하고 완성함에 있어 자유 의지의 힘이 도움이 된다고 주장했던 것으로 보입니다. 셋째, 그들은 은혜가 아닌 자유 의지를 통한 죄 없는 완벽함에 대해 펠라기우스가 가르쳤다고 말했습니다. 달리 말하자면, 타락한 인간이 하나님의 율법에 완벽히 순종하는 것이 절대적으로 불가능함을 부인했다는 것입니다. 우리가 말할 수 있는 선에서 이러한 세 가지 비난에는 진리가 담겨 있습니다.

아우구스티누스의 전체 구원론 soteriology(또는 구원에 관한 교리)은 두 가지 주요 믿음으로부터 나온 것입니다. 그 두 가지는 아담의 타락 이후 인간 존재의 절대적이고 총체적인 타락과 하나님의 절대적이고 총체적인 능력과 주권입니다. 아우구스티누스가 이 교리를 해석하는 방식은 펠라기우스 및 보다 온건한 그의 옹호자들(소위 반⁺펠라기우스주의자들)과의 논쟁으로부터 발전하기도 했고, 그 논쟁에 조건 지어지기도 했습니다. 아마도 아우구스티누스는 원죄와 인간의 타락에 대해 어느 누구보다 강한 견해를 가지고 있었을 것입니다. 그에 따르면, (신-인이신 예수 그리스도만 제외하고) 주어진 시간 속에 살아가는 모든 사람은 아담의 원죄 때문에 '영벌의 무리'에 포함되어 있으며, 전적으로 범죄하였고, 하나님께 저주를 받습니다. 17세기의 청교도들은 이를 "아담의 타락 안에서 우리 모두는 죄를 지었다"라고 표현했습니다.

펠라기우스 및 대부분의 동방 교회 신학자들과는 대조적으로, 아우구스티누스는 그리스도를 제외한 모든 인간이 부패한 상태로 태어나서 죄를 짓는 일이 불가피할 뿐만 아니라 아담의 죄에 대한 죄책까지도 가지고 태어났다고 믿었습니다. 그리고 죄 사함을 위한 세례를 받고 믿음과 사랑을 통해 저 은혜 안에 머물러 있지 않으면 영원한 형벌을 받는다고 믿었습니다.

아우구스티누스는 유전된 죄의 타락과 부패 때문에 타락한 인간들은 죄로부터 자유롭지 않다고 주장했습니다. 그는 펠라기우스에 반박하며 이렇게 썼습니다. "인간의 자유 의지는 죄만 지을 뿐이다."[3] 아담은 불순종 이전에 죄를 짓지 않을 능력이 있었습니다. 그때 아담이 처한 조건은 "포세 논 페카레"*posse non*

---

3   Augustine, *On the Spirit and the Letter* 5, in NPNF 5:84. 「영과 문자」, 『아우구스티누스: 후기 저서들』, 정원래 외 옮김(서울: 두란노아카데미, 2011).

peccare(죄를 짓지 않을 수 있다)였습니다. 아담의 불순종 이후 아담과 그의 모든 후손들(예수 그리스도를 제외하고)이 처한 조건은 그의 불순종 때문에 "논 포세 논 페카레"*non posse non peccare*(죄를 짓지 않을 수 없다)가 되었습니다.

원죄의 죄책이 유전되고 죄를 짓는 것이 불가피함에도 불구하고, 하나님의 계획은 방해받지 않으며 하나님의 뜻은 여전히 이루어지고 있습니다. "전능자[하나님]께서 사람의 마음속 가장 깊은 곳에서도 그들의 의지가 발동하게 하셨기에, 그분은 인간을 통해 하시고자 하는 일이라면 무엇이든 인간 행위자를 통해 하십니다."[4] 다시 말해, 하나님만이 모든 것을 결정하시는 실재이며, 인간의 죄를 포함하여 무슨 일이 일어나든지 그것은 하나님의 주권적인 의지와 능력에 뿌리를 두고 있습니다. 인간이 자신의 죄에 책임이 있으려면 자유 의지가 있는 존재여야 합니다. 하지만 또한 주권이 하나님께 있으려면 모든 사건은 하나님의 통제 아래 일어나야 합니다. 왜냐하면 "인간의 의지가 하나님의 능력 안에 있지 않아서 인간이 전적으로 통제할 수 있는 것이라면, 하나님의 계획이 좌절되는 것도 가능합니다. 그러나 이는 부조리한 생각입니다."[5] 이에 대한 유일한 해결책은 자유 의지를

---

4   Augustine, *On Grace and Free Will* 41, in NPNF 5:462.

5   Scott, *Augustine*, p. 162.

'하고자 원하는 것을 함'으로 정의하는 방법입니다. 그러나 아우구스티누스에게는 모든 원함의 원천도 하나님이십니다. 그래서 무슨 일이 일어나든 그것은 하나님의 의지가 이루어지고 있는 것입니다.

그러니까 타락한 인간이 진정으로 선한 결정이나 행동을 하려면 은혜가 절대적으로 필요합니다. 아우구스티누스는 펠라기우스와 그의 추종자들에게 맞서 몇몇 논점을 들어 이 점을 주장하였습니다. 첫째, 인간은 너무 완전히 타락해서 하나님께서 은혜로 말미암는 믿음이라는 선물을 주시지 않으면 어떤 선한 것을 할 생각조차 못할 것입니다. 아우구스티누스의 말로 하자면, "그러므로 은혜의 성령께서 우리가 믿음을 갖게 하신다. 우리는 믿음을 통해 기도하며 우리가 명함받은 바를 할 수 있는 능력을 얻을 수 있다. 이런 이유로 사도 바울은 빈번히 믿음을 율법 앞에 놓았다. 왜냐하면 우리가 믿음의 기도로써 행할 능력을 얻지 못한다면, 우리는 율법이 명하는 바를 할 수 없기 때문이다."[6] 그는 그 밖의 모든 다른 견해는 우리의 타락에 대한 믿음을 약화시키고, 유일한 충분성 곧 그리스도의 십자가 죽음을 포함한 하나님의 은혜의 충분성에 대한 믿음도 약화시킬 것이라고

---

6   Augustine, *On Grace and Free Will* 28, in NPNF 5:455.

주장했습니다. 바로 이 점이 아우구스티누스가, 우리가 진정으로 선한 것을 할 때 그 유일한 원인은 은혜라고 주장한 두 번째 이유입니다. 만일 초자연적 은혜의 도움 없이 자연적인 본성과 자유 의지만으로도 어느 정도 의로움을 얻을 수 있다면, 그리스도께서는 헛되이 죽으신 것입니다. "그러나 만일 그리스도께서 헛되이 죽으신 것이 아니라면, 믿음과 그리스도의 보혈이라는 성체 없이 인간의 본성만으로는 어떤 식으로도 의롭게 될 수 없다는 것입니다. 하나님의 가장 의로운 진노(한 마디로 형벌)로부터 구속될 수 없다는 것입니다."[7]

아우구스티누스가 죽은 후 그의 엄격한 독력주의에 대한 거대한 논쟁이 이어졌습니다. 서방에서 대교회는 펠라기우스에 대한 아우구스티누스의 비판을 수용했지만, 많은 이들이 주권, 선택, 자유 의지에 대한 아우구스티누스의 강한 견해에는 동의하지 않았습니다. 교회는 529년 오랑주 회의Synod of Orange에서 중재적이면서 다소 일관성 없는 입장을 취했습니다. 오랑주 회의는 펠라기우스주의를 온건하게 수정한 형태인 반펠라기우스주의를 정죄했습니다. 그렇다고 아우구스티누스주의를 완전히 지지한 것도 아니었습니다.

---

7   Augustine, *On Nature and Grace* 2, in NPNF 5:122.

그레고리우스 교황의 중재

중세 교회에서 이 문제들을 대체로 해결했던 인물은 교황 그레고리우스 1세[Pope Gregory I, 540-604]였습니다. 그는 그레고리우스 대제로도 알려져 있습니다. 그레고리우스는 로마 가톨릭 전통에서 역사상 가장 중요한 교황이자 신학자 중 한 명입니다. 그리고 (부지불식간에) 로마 가톨릭과 동방 정교회 및 개신교를 갈라놓는 일에 큰 기여를 했습니다. 그는 서방 교회의 로마 가톨릭화에 중추적인 역할을 했습니다. 그는 서방 교회 역사의 중요한 전환점에서 매우 영향력 있는 교황이었을 뿐만 아니라, 아우구스티누스의 주요 해석자이기도 했고, 수도원적 경건과 생활 양식을 주창한 인물이기도 했습니다. 교회 역사가들은 종종 그를 서방의 마지막 교회 교부이면서 또한 첫 번째 중세 교황이자 중세 신학자로 간주합니다.

그레고리우스 1세 교황은 로마 감독으로 재임하는 동안 모든 서방 감독을 위한 규칙(지침 모음)을 제시했습니다. 이는 현존하는 그의 주요 작품인 『사목 규정집』The Book of Pastoral Rule에 요약되어 있습니다. 그는 또한 브리튼의 이교도들과 유럽 대륙의 아리우스주의 이방인들을 가톨릭 그리스도인으로 개종시키기 위해 굉장한 선교적 노력을 들이기 시작했습니다. 그리고 그는 수도원

공동체들을 세웠고, 공동체들이 기반을 마련할 수 있게끔 유럽 전역의 어마어마한 영토를 장악할 수 있는 설립인가서를 주었습니다. 그리고 우리의 이야기에서 가장 핵심적인 부분은 그레고리우스가 구원에 관한 아우구스티누스의 독력주의적 견해와 반펠라기우스적 신인협력주의를 혼합하였다는 점입니다. 이는 이후 로마 가톨릭 신학에 깊은 영향을 미쳤습니다.

한편으로 그레고리우스는 모든 교부들 중 아우구스티누스를 최고로 추앙하며 매우 좋아했습니다. 다른 한편 그는 반펠라기우스라는 안경을 통해 아우구스티누스를 읽고 해석했습니다. 다시 말해, 그레고리우스가 해석하고 적용한 아우구스티누스의 신학은 철저히 신인협력주의였습니다. 그레고리우스가 하나님의 주권과 은혜를 강조하고 죄된 인간의 자기-옹호를 절하하려 했을 때는 그의 목소리가 매우 아우구스티누스적으로 들렸습니다. 그러나 그가 그리스도인들에게 은총을 당연시하는 것을 경고하고 더 많은 자기-희생적 경건(현대 그리스도인들이 제자도라고 부르는 것)의 노력을 기울이라고 촉구했을 때는 그의 목소리가 마치 펠라기우스의 목소리 같았습니다. 그는 『사목 규정집』에서 감독들에게 설교에는 두 가지 과제가 들어가야 한다고 충고했습니다. 바로 괴로워하는 이들에게 안락을 주는 것과 안락하는 이들을 괴롭히는 것입니다.

그레고리우스는 그의 구원론에서 아우구스티누스주의-펠라기우스주의의 긴장을 매우 역설적으로 표현하였습니다. 한번은 아우구스티누스에게 동조하며 독력주의를 **거의** 단언하는 지점에서 은혜를 강조한 후 다음과 같이 썼습니다. "영원한 왕국에 대한 예정 자체도 선택받은 이들이 자신들의 노력으로 그 나라를 획득하게끔 전능하신 하나님께서 너무 잘 계획해 놓으신 것이다."[8] 그레고리우스에게 "기도, 고행, 미사, 중보 기도, 행함—이 모든 형식은 하나님과 중재하려는 인간의 노력입니다."[9] 그리고 어느 누구도 도우시는 은혜 없는 속죄의 방식으로 이러한 노력을 수행할 수 없습니다. 그러나 끝까지 인내하며 영원한 나라에 들어가도록 인간의 의지와 노력이 저 은혜와 협력할 때, 그러한 사람에게는 "구원이 예정되었다"고 말할 수 있을 것입니다. 선택하시는 은혜는 반드시 작동하게 됩니다. 그레고리우스에게 자동적으로 되는 구원이라는 것은 없었습니다.

그렇다면 하나님의 선택받은 자가 되기 위해 은혜가 작동하도록 사람이 해야 하는 일은 무엇일까요? 그레고리우스는 십자가와 그 은혜의 유익을 누리려면 그리스도와 함께 십자가에

---

8 Gregory, quoted in Carole Straw, *Gregory the Great: Perfection in Imperfection* (Berkeley: University of California Press, 1988), p. 140.

9 Gregory, quoted in Carole Straw, *Gregory the Great*, p. 140.

못 박혀야 한다고 말합니다. "사실 … 그리스도께서 우리를 위해 모든 것을 수행하신 것은 아닙니다. 확실히 그분은 우리 모두를 십자가를 통해 구속하셨습니다. 그러나 구속받으려고 분투하고 그와 함께 다스리려고 분투하는 사람에게는 그와 함께 십자가에 못 박혀야 하는 일이 남아 있습니다."[10] 그레고리우스에 따르면 그리스도와 함께 십자가에 못 박힌다는 것은 극단적인 회개를 의미합니다. 이러한 회개에는 자기희생이라는 참회의 행동, 영적인 생활을 방해하는 육신의 쾌락에 대한 전면적이고도 합리적인 자기 부인, 교회의 성사 생활에 적극적인 참여, 가난한 이들에게 나누어 주는 일과 같은 사랑의 역사가 포함됩니다. 정말로 하나님을 기쁘시게 하기 원하는 사람, 즉 하나님의 선택을 확신하게 되고 연옥의 고통에서 벗어나려는 사람은 수도사의 삶을 살아야 하는데, 이는 "완전한 참회"의 삶입니다. 그레고리우스는 육체적 쾌락 자체가 실제 죄는 아니더라도 죄로 유혹하는 것이라고 생각했습니다. 심지어 결혼생활 속에서의 성교도 출산을 목적으로 하지 않으면 죄라고 생각했습니다. 출산을 목적으로 한다 하더라도 거기에 성욕이나 육체적 쾌락이 수반된다면 죄를 수반할 수 있습니다.[11] 만일 "완전한 참회와 용서의 안도감"을

---

10   Gregory, quoted in Carole Straw, *Gregory the Great*, p. 159.

11   Gregory, *The Book of Pastoral Rule of Saint Gregory the Great* 27, in NPNF2 12:56-58.

바라는 사람이라면 수도회에 들어가서 모든 종류의 육체적 쾌락을 부인할 것입니다. 엄밀히 말하면 하나님께서 육체적 쾌락을 허용하셨다고 할 수도 있겠지만, 거기에는 유혹의 씨앗이 담겨 있기 때문입니다.

거대한 균열: 이야기를 둘로 가르다

로마 가톨릭이 된 서방 교회는 항상 스스로를 정통으로 여겨 왔습니다. 오늘날 우리가 동방 정교회로 부르게 된 동방 교회도 언제나 스스로를 보편 교회로 여겨 왔습니다. 사람들이 하나를 "가톨릭교회"Catholic Church〔보편교회/공교회를 의미〕로 다른 하나를 "정교회"Orthodox Church〔정통교회를 의미〕로 부르는 것은 순전히 관습일 뿐입니다. 로마 교회에 속한 교인들은 결코 동방 정교회가 자신들보다 더 정통적이라고 인정하지 않습니다. 마찬가지로 동방 정교회 교인들은 로마 교회가 자신들보다 더 보편적이라고 생각하지 않습니다.

　우리는 서방 교회와 동방 교회가 서로 멀어지게 만든 몇몇 요인들을 살펴보았습니다. 중세 초기에 서방 교회는 마치 동방 교회가 존재하지 않는 것처럼 종종 독자적으로 행동했습니다.

그러나 이러한 분열이 공식적인 또는 정식적인 분리는 아니었습니다. 만약 그 당시 서방 교회의 감독들에게 동방 교회에 대해 물어본다면, 서방 교회의 감독들은 동방 교회의 신앙 내용과 관습이 조금 이상하다고 했을지는 모르지만, 그럼에도 동방 교회의 감독들을 진정한 그리스도인으로 인정했을 것입니다. 반대로 동방 교회의 감독들에게 물어보더라도 마찬가지였을 것입니다.

오늘날 우리가 로마 가톨릭주의라고 부르는 것을 창안하는 데 이바지했던 중추적 논쟁들과 인물들이 있었던 것처럼, 동방 교회도 그 고유의 논쟁들을 겪었고 또한 이를 통해 동방 정교회 전통과 집단을 형성한 독보적인 비잔틴 사상가들이 있었습니다. 이러한 동방과 서방의 차이는 두 개의 논쟁에 이르러 극에 달하였고, 결국 이 두 논쟁은 그리스도교 교회가 영구적으로 갈라지게 한 도화선 역할을 했습니다.

첫 번째 논쟁은 교황직과 관련되어 있습니다. 9-10세기 동방 그리스도인들은 서방을 경계했고, 로마의 감독이 '교황' 내지 모든 감독들의 장을 자처하며 다른 지역들까지 모두 적법하지 않게 지배하려 든다고 보았습니다. 그들은 라틴(가톨릭) 교회 교인들이 전체 그리스도교 세계에 '교황 군주 정치'를 강요하려 든다고 비난했습니다. 그리고 로마의 주교가 동방을 지배하려는 시도에 저항했습니다. 동방 교회는 로마의 감독이 베드로의 계승자라고 생각하지 않았고, 정통적인 감독들이 모두 베드로의 참된 계승자라고 생각했습니다. 또한 그리스도교의 모든 거대 교구들—로마, 콘스탄티노플, 안디옥, 알렉산드리아, 예루살렘—이 동등한 위엄과 권력과 권위를 갖는다고 보았습니다. 동방 교회는 로마의 대감독을 기꺼이 "동급자 중 일인자"*primus inter pares*로 인정하려 했지만, 이는 순전히 명예로운 칭호를 부여하는 것이지 다른 권위를 부여하려는 것은 아니었습니다.

두 번째 논쟁은 분열의 직접적인 원인으로, 니케아 신경의 라틴어 번역문에 나타난 필리오케*filioque*에 관한 것이었습니다. 사실상 모든 사람들이 381년 헬라어로 작성된 니케아-콘스탄티노플 신경의 원문에는 성령이 "아버지로부터" 발출하신다고 말하는 구절 속에 "-와 아들"*filioque*이라는 문구가 없다는 점에 동의합니다.

주님이시요 생명을 주시는

성령을 우리가 믿사오니,

그분은 아버지[와 아들]로부터 발출하셔서

성부와 성자와 더불어 예배와 영광을 받으십니다.

성령께서는 예언자들을 통하여 말씀해 오셨습니다.

"-와 아들"이라는 괄호 안의 문구는 라틴어 *filioque*를 번역한 것이며, 서방에서 번역된 거의 모든 니케아 신경에는 이 문구가 등장합니다. 그런데 이 문구가 어떻게 저기에 들어오게 되었을까요? 아무도 이에 대해 확실히 알지 못합니다. 동방의 감독들은 850년 경 콘스탄티노플에서 이 문구에 대해 들었고, 두 가지 이유로 이 문구가 제거되어야 한다고 주장했습니다. 첫째, 그들은 그리스도교계의 기본 신경을 동방 교회와 상의도 없이 서방 교회 마음대로 변경할 권리가 없다고 거세게 반발했습니다. 둘째, 그들은 이 문구가 삼위일체에 대한 동방과 서방의 깊은 신학적 차이를 드러냈다고 주장했습니다. 동방 교회는 자신들의 이해를 유일한 정통 삼위일체론으로 여겼습니다. 그리고 아우구스티누스의 사상에 뿌리를 둔 서방의 삼위일체 이해를 이설(이단에 가까운 비정통)로 여겼습니다.

서방 교회의 지도자들은 이 문제에 대해 양보할 생각이 없었습니다. 실제로 그들은 필리오케가 빠져 있는 신경을 모두 이단적인 것으로 정죄하기도 했습니다. 동방의 감독들과 황제들은 이에 대응하여 서방의 교황과 감독들에게 이단이라는 비난을 퍼붓기 시작했습니다. 결국 동방과 서방의 교회는 서로를 대교회에서 파문한다고 선포했습니다. 1054년에 콘스탄티노플 대감독이었던 미카엘 케룰라리오스^{Michael Cerularius, 1000?-1059}는 로마의 감독에게 "교황은 이단이다!"[12]라고 선포했습니다. 콘스탄티노플에 있던 교황 레오 9세^Pope Leo IX의 사절들은 하기아소피아대성당에 들어가서 대감독과 그를 따르는 감독들에 대한 파문선언문을 주제단에 올려놓고 성큼성큼 나왔습니다. 이 균열은 아직 치유되지 않았습니다.

무대의 변화: 스콜라주의가 유행하고 신학이 왕좌에 오르다

동방과 서방의 그리스도교 세계가 공식적으로 나뉘지던 바로 그 때에, 서방의 신학은 새로운 방향으로 나아가고 있었습니다. 바로 스콜라주의를 향해 가고 있었습니다. 스콜라주의는 1100 년쯤부터 점점 지배적이 되었다가 14-15세기 무렵에 쇠퇴한 서방 학자들의 특정한 신학 방식을 가리키는 용어입니다. 스콜라주의 운동은 중세 유럽의 문화적 맥락 안에서 "그리스도교 신학이 본래 이성적이고 모순이 없음을 방법론적으로, 철학적으로 입증하려는 시도였습니다."[13] 신학에서 이성에 대한 관심은

---

12 Jaroslav Pelikan, *The Christian Tradition: A History of the Development of Doctrine*, vol. 2, *The Spirit of Eastern Christendom, 600-1700* (Chicago: University of Chicago Press, 1974), p. 171.

13 B. B. Price, *Medieval Thought: An Introduction* (Oxford: Blackwell, 1992), p. 120.

서방의 스콜라 신학에서 그 정점에 달하였습니다.

안셀무스와 아벨라르, 성육신에 대해 사색하다

스콜라주의의 원천에는 캔터베리 대주교인 안셀무스^{Anselm,} ¹⁰³³⁻¹¹⁰⁹가 서 있습니다. 안셀무스가 서양 철학사에서 유명한 이유는 소위 존재론적 논증으로 불리는 그의 신 존재 증명 때문입니다. 수많은 책들이 이 논증에 대해 다루고 있습니다. 이는 안셀무스의 천재성을 보여 줄 뿐만 아니라 스콜라주의의 특성인 이성주의를 잘 보여 주는 예라 할 수 있습니다. 그는 속죄에 대한 새로운 설명(즉, 그리스도께서 십자가상에서 자신을 제물로 드리신 사건의 의미)을 제시하여 그리스도교 신학에 기여했습니다. 비록 이러한 설명이 초기 교부 신학에도 희미하게 나타나 있지만, 속죄에 대한 만족설로 알려진 안셀무스의 이론은 하나님과 인간을 위해 그리스도께서 하신 화해의 사역에 대해 이전의 어떤 교리보다 압도적으로 뛰어나게 설명하고 있습니다. 안셀무스는 왕이 교회를 세속적으로 또는 평신도로서 통제하는 것에 완강히 반대한 것으로도 유명합니다. 교황의 밑에 있는 영국 가톨릭교회의 수장인 캔터베리 대주교로서 안셀무스는 잉글랜드의 노르만인 왕이 교회의 업무에 권한을 행사하는 것을 거부하다가 추방당했습니다. 그는 이런 일을 두 번이나 겪었습니다.

여기서 우리는 그가 속죄에 대해 새로운 모형을 제시하여 신학에 기여한 부분에 초점을 맞추려 합니다. 속죄는 간단히 말해 '화해'를 의미합니다. 신학 용어로 속죄란 예수 그리스도 안에서 하나님께서 하신 행동, 또는 예수 그리스도께서 인간으로서 십자가상에서 하신 행동으로, 이를 통해 우리가 하나님과 화해하고 하나님이 우리와 화해하신 것을 말합니다. 안셀무스가 살던 시절의 대부분의 서방 그리스도인들은 십자가상에서 그리스도께서 치르신 위대한 희생을 속전설ransom theory로 알려진 입장을 따라 생각했습니다. 수많은 사람들이 자기 고유의 방식으로 이 이론을 가르치긴 했지만, 600년경 그레고리우스 교황이 제시한 방식이 가장 명료하다고 할 수 있습니다. 그레고리우스는 십자가상에서 그리스도께서 죽으신 사건이 인간에게 미친 영향을 설명하려고 여러 이미지를 사용했습니다. 그가 가장 즐겨 사용한 이미지는 십자가를 '낚시 바늘'에 비유한 것입니다. 하나님께서 마귀가 낚시 바늘에 걸리게 하셔서 마귀의 포로가 된 인간을 자유롭게 하시려고, 그 낚시 바늘에 예수 그리스도라는 '미끼'를 달아 놓으셨다는 것입니다.

이 이론은 소위 암흑기로 불리는 시대에 로마 가톨릭교회에서 거의 보편적이었다고 할 만한 가르침이었습니다. 그러나 안셀무스는 이 이론이 하나님을 모욕한다고 생각했습니다. 우리가 상상할 수 있는 가장 큰 존재보다 더 큰 존재이신 하나님께는 마귀에게 속임수를 사용할 필요가 없으십니다. 왜냐하면 하나님께는 어떤 식으로도 마귀에게 갚아야 할 것이 없으시기 때문입니다. 만일 인간이 사탄과 사탄의 왕국에 사로잡히게 된 것이 유일한 문제라면, 하나님께서 그저 사탄의 세력에게 쳐들어가셔서 그들을 정복하시고 사탄의 권세에서 인간을 해방시키실 수 있을 것입니다. 하나님께는 사탄과 흥정하시거나 사탄을 속이실 필요가 없습니다.

안셀무스는 속죄를 설명해 주는 이론을 탐구하기 시작했습니다. 그가 추구한 이론은 왜 예수 그리스도께서 참 사람이자 참 하나님이셔야 했는가를 설명해 주고, 이에 더하여 합리적이면서 동시에 성경 및 교회 전통과 충분히 조화되는 설명이었습니다. 그는 1098년에 캔터베리에서 추방당했는데, 그래서 『왜 하나님은 사람이 되셨는가?』*Cur Deus Homo?* ● 라는 저술을 쓸 여유가 생겼습니다. 이 책의 핵심 물음은 "왜, 어떤 필연성 때문에 하나님이 인간이 되셨는가? 다른 방법으로도 인간을 구속하실 수 있었을 텐데, 왜 그리스도의 죽으심으로 인간을 구속

●　한국어 번역본 제목은 『인간이 되신 하나님』(한들출판사 역간).

하셨는가?"[14]입니다. 속전설 대신 안셀무스가 제시한 이론은 만족설 satisfaction theory로 불려 왔습니다. 왜냐하면 가신이 봉건 계약을 위반했을 때 봉건 영주에게 '만족'〔배상〕을 지불해야 하는 중세적 개념이 그 중심에 자리하고 있기 때문입니다. 안셀무스는 왜 하나님께서 자기 아들을 사람의 모양으로 보내셔서 죄가 없음에도 불구하고 죄인의 죽음을 맞게 하셨는지를 설명해 주는 완벽한 유비를 이러한 봉건 문화적 관습에서 찾았던 것입니다. 이 이론은 본질적으로 모든 인간이 불순종으로 말미암아 하나님께 진 빚debt●을 그리스도께서 갚으셨음을 말하고 있습니다. 하나님의 공의를 만족시키는 지불이 요구되어야 하는데, 공의의 만족이 요구되지 않으면 우주의 질서는 혼란스러워질 것입니다. 만족의 요구는 하나님의 명예를 실추시킨 것에 대해 인간이 갚아야 하는 빚과 같습니다. 그러나 인간은 지옥에서 완전한 상실의 고통을 당하지 않고서는 이를 갚을 능력이 없습니다. 하나님께서는 사랑으로 완전한 대속적 희생을 치르셔서, 자신의 영예를 만족시키시고 우주의 도덕적 질서를 유지

---

14 Joseph M. Colleran, "Introduction: St. Anselm's Life," in *Anselm of Canterbury, Why God Became Man and The Virgin Conception and Original Sin*, trans. Joseph M. Colleran (Albany, N.Y.: Magi, 1969), pp. 34-35.

● 한글 성경은 '죄'로도 번역합니다(마 6:12).

시키십니다. 그 대가는 자기의 아들입니다.

　　모든 사람이 안셀무스의 새로운 속죄 이론에 납득된 것은 아니었습니다. 이를 반대했던 사람 중 하나는 천재적인 위대한 중세 스콜라 학자인 피에르 아벨라르^{Peter Abelard, 1079-1142}였습니다. 우리는 아마 아벨라르의 생애에 대해 많이 알고 있을 것입니다. 그가 『나의 불행 이야기』^{The Story of My Misfortunes}라는 제목의 자서전을 썼기 때문입니다. 아벨라르의 고통과 번민의 삶은 할리우드 영화로 제작될 정도였습니다. 그러나 이 영화는 유감스럽게도 그의 연인 엘로이즈^{Héloïse}와의 야한 정사에만 너무 비중을 두고 있습니다.

　　안셀무스와 마찬가지로 아벨라르도 전통적인 속전설에 동의하지 않았습니다. 그러나 그는 안셀무스의 만족설에도 동의하지 않았습니다. 대신 그는 도덕 감화설^{moral influence theory} 또는 도덕 모범설^{moral example theory}로 불리는 견해를 제시했습니다. 이는 십자가상에서 그리스도의 죽으심이 어떻게 인간과 하나님을 화해시키는지를 설명합니다. 속죄에 대한 아벨라르의 모형은 하나님의 영예나 진노 대신 사랑을 강조하고 있습니다. 아벨라르에 따르면, 인간에게 필요한 것은 행하기 위한 새로운 동기이지, 그러한 행동을 대신하여 하나님께 지불된 배상이 아니었습니다. 아벨라르는 속전설과 마찬가지로 만족설에도 화해 과정에 인간이 완전히 빠져 있으며, 이 두 이론은 십자가의 하나님을 그저 자기 명예와 우주적 정의에만 관심 있는 분으로 그리고 있다고 생각했습니다. 아벨라르의 마음은 아들이 돌아오기만을 늘 기다리고 있는 아버지 이야기, 즉 예수님의 탕자 비유에 사로잡혀 있었습니다. 십자가의 영향력은 인간을 향한 것이지 하나님을 향한 것이 아니라는 것입니다. 아벨라르에 따르면, 하나님은 인간과 화목하실 필요가 없습니다. 하나님은 이미 우리를 사랑하십니다. 우리의 문제는 우리가 이 점을 깨닫지 못하는 것이며 우리의 죄와 무지 때문에 하나님을 경외하지 않은 채 살고 있다는 사실입니다. 예수님의 십자가는 우리가 행동하도록 새로운 동기를 북돋는 하나님의 사랑의 행위였습니다. 즉, 하나님이 우리를 얼마나 사랑하시는지를 알게 되어, 그에 대한 반응으로 사랑의 삶을 시작하는 것입니다. 아벨라르에게는 불행한 일이지만, 그가 죽기 전에 그의 견해 중 상당수는 파리에서 있었던 주교 회의에서 정죄되었습니다. 그는 자신의 주장을 교황에게 호소하기 위해 로마로 가는 길에 숨을 거두었습니다.

토마스 아퀴나스, 스콜라주의의 정점에 서다

스콜라 사상가 중 가장 탁월하고 가장 두드러지는 이름은 바로 토마스 아퀴나스Thomas Aquinas, 1224/5-1274입니다. 그리스도교 신학 이야기에서 그의 중요성을 아무리 높게 평가해도 과대평가라는 말이 어울리지 않습니다. 특히 로마 가톨릭 신학에서는 더더욱 그렇습니다. 아우구스티누스처럼 아퀴나스도 대학의 교과 과정과 관련된 거의 모든 주제를 다루었습니다. 그야말로 정말 백과사전파라 할 수 있습니다. 그래서 그의 사상과 공헌에 대해 몇 가지를 골라 언급한다는 것은 어려운 일입니다.

아퀴나스의 신학적 공헌으로 자주 언급되는 것 중 하나는 다섯 가지 '신 존재 증명'으로 흔히 불리는 것입니다. 이 아리스토텔레스적이고 스콜라 철학적인 증명을 하나로 묶어서 "다섯 가지 길"*quinque viae*이라고도 합니다. 이 증명들은 각각 변화하는 것들은 변화의 동인을 함축한다는 점, 원인들은 제1원인을 함축한다는 점, 우연적인 것들은 필연적인 것을 함축한다는 점, 사물들 사이에는 완전함의 단계가 있다는 점, 사물들에는 궁극인〔목적인〕이 있다는 점에 기초하고 있습니다. 이러한 다섯 가지 길에 대해 말할 때 보통 지적되는 부분은 이러한 증명들이 신앙이나 계시에 의존하지 않고 하나님의 존재를 증명하는 것으로 보인다는 점입니다. 이 논증들은 오직 이성에만 의존하고 있는 것으로 보입니다. 그러나 윌리엄 플래처*William Placher*가 이 논증들을 면밀하게 검토하며 보인 것처럼, 이 논증들은 실제로 전혀 그런 식의 '증명들'이 아닙니다. 이 점은 아퀴나스가 의기양양하게

'그러므로 신은 존재한다'라는 결론으로 각 논증을 마무리하지 않고, 오히려 냉소적인shrug 듯한 어투로 "우리는 여기에 '신'이라는 이름을 붙인다" 또는 "우리는 이를 '신'이라고 부른다"[15]라는 결론으로 마무리했다는 사실에서 분명해집니다. 다섯 가지 길이 반드시 아퀴나스의 방식을 나타낸다고 볼 수는 없습니다. 오히려 다른 이들이 하나님의 존재를 어떻게 입증해 왔는지 그 예들을 아퀴나스가 모아서 보여 준 것이라 할 수 있습니다.

토마스 아퀴나스 고유의 입장은 이성만으로도 어느 정도까지는 하나님을 알 수 있다는 것입니다. 이성은 하나님의 존재를 입증할 수 있습니다. 그러나 하나님의 성품과 속성을 알기 위해서는 신앙이 요구됩니다. 그리고 그러한 지식은 언제나 유비적으로 표현됩니다. 아퀴나스는 언어를 사용하는 방식을 세 가지로 구별합니다. 그 중 하나는 단순하고 일의적인 방식으로 사용하는 것입니다. '나는 새파란 셔츠를 하나 가지고 있어'와 '오늘은 새파란 하늘을 보는구나'라는 문장에서 '새파란'이란 단어는 정확히 같은 방식으로 사용된 것입니다. 그러나 '새파란 녀석이 사장이 됐어'라는 문장에서 '새파란'은 어떤 색깔을 나타

---

15 William C. Placher, *The Domestication of Transcendence: How Modern Thinking About God Went Wrong* (Louisville, Ky.: Westminster John Knox, 1996), p. 24.

내는 말이 아니라 매우 젊다는 말입니다. 그리고 여기서 '새파란' 이란 말은 앞의 문장들과는 다른 의미로, 즉 다의적으로 사용되었습니다(동음이의어). 이는 두 번째 방식입니다.

우리는 하나님에 대해 말할 때 우리의 언어가 일대일로 하나님께 직접 적용된다고 생각할 수 없습니다. 즉, 땅의 것과 신적인 것에 같은 말을 사용한다고 해서 그 의미가 완전히 같은 것은 아닙니다. '하나님은 지혜로우시다'에서 '지혜로운'이라는 말은 '소크라테스는 지혜로워'라는 문장의 '지혜로운'과 동일한 것을 의미하지 않습니다. 여기서 '지혜로운'이라는 말은 유비적으로 사용되고 있습니다. 즉, 지혜라는 말은 두 경우에서 비슷한 무언가를 의미하고 있지만, 정확히 같은 것을 의미하지는 않습니다. 이것이 아퀴나스가 말하는 세 번째 언어 사용 방식이자, 하나님에 대해 말함에 있어 그가 선호하는 언어 사용 방식입니다. 물론 하나님이 인간보다 무한히 더 지혜롭다는 점을 제외하면 하나님의 지혜는 인간의 지혜와 같다고 말할 수도 있을 것입니다. 그러나 그러한 관찰은 유비를 그저 피상적인 수준에서 다루는 것입니다. 아퀴나스는 단지 하나님이 지혜, 선, 의로움 등을 우리보다 양적으로 더 많이(심지어 무한히 더 많이) 소유하고 있어서 우리가 유비를 사용하는 것은 아니라고 합니다. 사실, 하나님의 지혜는 인간의 지혜와 질적으로 다른 것입니다.[16] 아퀴나스에 따르면, 하나님에 대한 모든 서술은 단지 유비일 뿐입니다. 왜냐하면 우리는 하나님이 무엇과 **유사한지**를 말하고 있는 것이지, 하나님이 정확히 **무엇이신지**를 말할 위치에 있지도 않으며 그렇게 말할 만한 언어를 가지고 있지도 않기 때문입니다. 아퀴나스는 하나님에 대한 우리의 지식과 마찬가지로 우리의 언어도 언제나 하나님의 실재에 미치지 못함을 인식했습니다. 사실 우리의 언어는 대개 우리가 하나님에 대해 이해하고 있는 것보다 이해하지 못하는 것을 더 많이 보여줍니다. 우리가 지금은 거울로 보는 것 같이 희미하지만 그때에는 얼굴과 얼굴을 마주하고 볼 것입니다. 그렇다고 아퀴나스가 비관적인 것은 아니었습니다. 그리스도 안에서 하나님께서 자신을 나타내 오셨기 때문입니다. 이 계시로 인해 우리는 하나님이 무엇과 유사한지에 대해 참되고 신실하게 말할 수 있습니다. 예수께서 하나님 나라가 무엇과 같은지에 대해 참되고 신실하게 말씀하셨던 것처럼 말이죠.

유명론자, 종교개혁자, 인문주의자, 중세의 규범에 도전하다
프란치스코 수도사인 오컴의 윌리엄Willam of Ockham, 1280/90-1349은

---

16   Placher, *The Domestication of Transcendence*, p. 31.

아퀴나스의 삼중적 언어 사용이 좋은 설명으로 남을 수 있을지 시험하기 시작했습니다. '새파란'이나 '지혜로운'이란 말이 일의적인지, 다의적인지, 유비적인지를 구별하려면 먼저 '새파람'deep-blueness과 '지혜'라는 개념 또는 생각을 가지고 있어야 합니다. 오컴은 **개념**이 1차적인 것이고 아퀴나스의 세 가지 언어는 그저 개념을 작동시키는 세 가지 방식일 뿐임을 직감했습니다. 개념은 지식이라는 건물을 짓기 위한 기본 벽돌입니다. 개념은 당연히 사물에 이름을 부여하고 사물을 분류하는 것이지, 이름 붙인 **대상**을 대체하는 것이 아닙니다(이 점이 개념론 conceptualism 또는 유명론nominalism으로 불리는 철학적 입장의 출발점입니다). 달리 말하면, 개념이란 그저 우리가 실재하는 사물을 이름하는 방식이므로, 개념을 사물 자체와 혼동해서는 안 됩니다. 그런데 하나님을 개념적으로 알고자 할 때 혹은 하나님께 합당한 이름을 짓고자 할 때 여기서 문제가 발생합니다. 하나님은 '영원한 아버지'와 같은 개념으로 환원될 수 없으며, '존재'와 같은 불변하는 본질에 관한 생각으로도 환원될 수 없습니다. 우리는 이러한 신적인 특성에 직접적으로나 경험적으로 접근하지 못하며, 따라서 신적인 특성을 확실하게 알 수 없습니다. 우리가 접근할 수 있는 것은 신의 의지의 **발현**입니다. 즉, 하나님의 활동으로 자연 속에 나타난 의지의 발현, 역사에 나타난 발현, 특히 성경에 기록된 것들입니다. 그래서 오컴에게 있어 하나님은 무엇보다도 그분의 의지의 측면에서 정의되어야 합니다. 우리가 하나님에 대해 확실히 아는 것들은 모두 하나님께서 행하고자 의지하신 것입니다. 하나님의 의지는 하나님께서 하고자 하신 것을 하시는 하나님의 절대적이고 무조건적인 능력으로 정의되어야 합니다. 이 하나님은 두렵고 어마어마하신 하나님입니다.

중세에는 이러한 신학적 긴장만 있었던 것은 아니며, 종교적인 불안도 있었습니다. 존 위클리프John Wycliffe, 1330-1384는 오컴의 모국인 잉글랜드에서 태어났습니다. 그 무렵 오컴은 추방당하여 뮌헨에서 흑사병으로 죽었습니다. 위클리프가 유명해진 이유 중 하나는 그가 성경을 번역하는 작업을 했기 때문입니다. 위클리프로 하여금 번역 작업을 시작하게 만든 그의 신념이 우리의 신학 이야기에서는 더 중요할 것입니다. 그는 교황이 타락했으며 그래서 교황에게서 교회를 지배하는 권력을 박탈해야 한다고 믿었고, 성직자들의 계층 구조를 통해서가 아니라 하나님의 백성들이 자신들의 대표자들을 통해서 교회를 운영해야 한다고 생각했습니다. 그리고 이런 일이 일어나려면 사람들이 자신들의 언어로 성경에 접근할 수 있어야 한다는 점을 위클리프는 자각했습니다. 이러한 교회와 성경에 대한 위클리프의 생각은 위대한 보헤미아의 개혁자 얀 후스[John Hus]에게 영향을 미쳤습니다. 얀 후스는 1417년에 화형을 당해 죽었지만, 그의 유산은 죽지 않고 마르틴 루터에게 이어져서 루터가 '작센의 후스'로 알려지게 되었습니다. 그래서 위클리프의 신학은 루터에게도 간접적으로 영향을 미쳤다고 할 수 있습니다. 그리고 잉글랜드에서 "롤라드"[Lollard]로 알려진 그의 추종자들은 그가 죽고 200년이 지난 후 그곳에서 종교개혁이 일어나는 일에 일조했습니다.

이러한 위클리프와 오컴에 대한 간략한 묘사로는 14-15세기 유럽 문화에 담긴 혼란을 보여 줄 수 없습니다. 민족주의가 부상하고 있었고, 흑사병으로 엄청나게 많은 사람들이 죽었으며, 교회는 황폐해지고 있었습니다. 한때 교황과 황제가 협력하며 주도한 완전히 하나로 통일된 유럽이라는 위대한 꿈은 프랑스 왕의 지배 아래 교회가 내리막길을 걸으면서 어느새 사그라들고 있었습니다. 교황은 프랑스 아비뇽으로 이전했고[1309-1377] 신성로마제국의 일부로 여겨지는 여러 국가의 왕들은 서로 전쟁을 벌였습니다. 두 명으로 시작해서 세 명이 동시에 교황권을 주장하며 다툰 서방 교회의 대분열[1378-1417]로 중세 교회의 존엄과 권위는 바닥을 찍었습니다. 사태가 복잡해지면서 자유와 교육과 예술이라는 새로운 문화적 분위기가 유럽 상류

사회를 휩쓸었습니다. 바로 르네상스라는 문예 부흥기가 시작된 것입니다.

르네상스의 분위기는 한 단어로 요약될 수 있습니다. 바로 **인문주의**입니다. 인간의 능력, 지성, 예술, 문학을 재발견하여 새롭게 평가한 것입니다. 그렇다고 르네상스의 인문주의가 '세속적인' 것은 아니었습니다. 그보다는 지난 천 년 동안 최고의 권위를 가지고 군림했던 인간에 대한 아우구스티누스주의적 비관주의를 거부하는, 인간의 창의성에 대한 하나의 신념으로 볼 수 있습니다. 이 시기의 가장 위대한 인문주의자는 로테르담의 에라스무스$^{\text{Erasmus, 1466-1535}}$였는데, 그는 결코 세속주의자가 아니었으며 오히려 고도의 지성을 갖춘 수도사였습니다. 에라스무스는 1514년에 헬라어 신약성경 비평본●을 만든 것으로도 매우 유명합니다. 그의 인문주의적 헌신은 자유 의지 문제에 대한 마르틴 루터와의 논쟁에서 가장 명확히 드러납니다. 그는 자유 의지와 인간의 책임을 폄하하고, 무시하고, 등한시하는 모든 신학에 반대했습니다. 그는 인간의 본성과 가능성에 대한 굳건한 이해를 고수했습니다.

●   다양한 헬라어 사본을 대조한 비평본이 아니라, 라틴어 성경과 대조하여 수정한 비평본입니다.

    16세기로의 전환기 무렵에 살고 있던 사람들은 모두 세계가 변화하고 있다는 사실을 명백하게 느꼈습니다. 세상은 중세의 옷을 벗고 새로운 시대의 옷을 입고 있었습니다. 그리스도교 또한 변화해야 했습니다. 그리스도교 신학이 개정되고 개혁되어야 할 필요성을 뼈저리게 느꼈고, 경우에 따라서는 다시 쓰여야 했습니다.

제 IV 막

고치고 다시 쓰는 이야기

종교개혁 　　**루터**　츠빙글리　**칼뱅**　크랜머

아르미니우스

웨슬리

16세기의 여명 무렵, 유럽에서는 그리스도교 신학의 분규가 일어났습니다. 당시 교회에서 인기 있는 신학은 전례주의나 미신 혹은 생명력 없는 스콜라주의의 희생물로 전락하였습니다. 로마 가톨릭교회의 몇몇 지도자들과 신학자들은 은혜가 얻어 내거나 심지어 구매할 수 있는 상품이라는 암시를 풍기고 있었습니다. **공로**merit는 가톨릭 구원론(구원에 대한 교리)의 핵심 용어가 되었습니다. 사랑의 역사와 신앙을 통해 하나님 앞에서 충분한 공로를 얻은 경우에만 참으로 구원을 얻을 수 있는 것입니다. **신앙**faith은 공식 교회의 가르침과 관행에 대한 충실함faithfulness으로 해석되었습니다. **사랑의 역사**works of love는 가난한 이들에게 자선을 베풀고, 참회하고, 성례에 참여하며, 기도와 명상 같은 경건 수행에 더하여, 면벌부를 사고, 연옥에 있는 영혼들을 위해 미사 성제를 봉헌하고, 성유골relics을 보기 위해 값비싼 순례에 참여하는 일로 이해되었습니다. 암묵적으로, 구원은 공로 행위에 관한 특정한 기준들을 충족시키는 이들에게만 가능한 것이 되었습니다. 개신교^{Protestantism}를 구성하는 '항변'^{protest}은 이러한 주장에 이의를 제기한 것입니다. 당시에 널리 퍼진 가톨릭의 구원관에 항변했던 이들은 스스로에게도 물어야 했습니다. **그렇다면 어떻게 구원을 받게 되는 것인가?**

개신교 종교개혁

마르틴 루터, 신앙을 통한 은혜에 의한 칭의를 말하다

대부분의 역사가는 위대한 16세기의 종교개혁이 시작된 날을 1517년 10월 31일로 잡습니다. 이 날, 아우구스티누스 수도회의 수도사이자 비텐베르크 대학의 신학 교수인 마르틴 루터^{Martin Luther, 1483-1546}는 자신이 가르쳤던 도시의 교회당 문에 95개조 논제(토론을 위한 논점들)를 못질하여 게시했습니다. 그의 논제는 서방 그리스도교 세계의 공식 교회(로마 교회)가 심각한 오류를 범하고 있음을 함의하고 있었습니다. 요하네스 구텐베르크의 새로운 발명품(가동활자 인쇄기) 덕택에 유럽 전체가 루터의 논제를 몇 달 만에 읽게 되었습니다. 교황 레오 10세^{Pope Leo X}는 이를 읽고

작센의 수도사가 분명 술에 취한 것이라고 언명했습니다.

　루터는 1518년부터 1520년까지 로마 가톨릭에서 가장 뛰어난 학자들과 논쟁했습니다. 그 학자들은 면벌부를 판매하여 한정된 기간 동안 겪는 죄의 결과들(예컨대 연옥)을 면제해 주는 교황의 권위를 옹호했습니다. 루터는 교회와 신학에 대한 개혁적인 논문들을 썼으며, 독일의 제후들에게 로마에 맞서 자신을 지지해 달라고 호소했습니다. 1520년에 교황이 루터를 파문하고, 1521년에 카를 5세 Charles V 황제가 루터에게 보름스 시에 있는 자신의 궁정(의회)으로 출두 명령을 내리면서 논쟁은 중단되었습니다. 교황의 사절이 '이단적' 견해들을 철회하라고 지시하자, 루터는 다음과 같이 선언했습니다. "나의 양심은 하나님의 말씀에 사로잡혀 있습니다. 따라서 나는 철회할 수도 없고, 철회하지도 않을 것입니다. 양심을 거스르는 것은 안전하지도 유익하지도 않기 때문입니다. 제가 달리 할 수 있는 게 없습니다. 제가 여기 서 있습니다. 하나님 저를 도우소서. 아멘."[1]

　황제는 루터를 법외자로 규정하여 법으로부터 보호받을 권리를 박탈했지만, 작센의 '현자' 선제후 프리드리히 Frederick 가 그를 보호하였습니다. 루터는 1546년에 죽을 때까지 프리드리

---

[1]　Heiko Oberman, *Luther: Man Between God and the Devil*, trans. Eileen Walliser-Scharzbart (New York: Doubleday, 1992), p. 203.

히의 보호 아래 종교개혁을 계속해 나갔습니다. 루터는 서구 문명과 그리스도교에 무수한 기여를 했습니다. 가장 중요한 것을 꼽자면, 아마도 그가 제시한 종교개혁의 3대 구호, 즉 신앙을 통한 은혜에 의한 칭의, 솔라 스크립투라 *sola scriptura*(오직 성경만이 그리스도인의 믿음과 실천에 권위를 갖는다), 신자의 제사장직에 관한 교리(사람과 하나님 사이를 중재하는 사제 없이도 모든 신자가 하나님께 나아갈 수 있는 권한을 받는다)일 것입니다. 여기서 우리는 첫 번째 주제, 즉 오직 신앙을 통한 은혜에 의한 칭의에 초점을 맞추겠습니다.

칭의는 하나님께서 어떤 사람이 하나님과 올바른 관계에 있다고, 즉 의롭다고 선언하시는 행위입니다. "사람이 어떻게 구원을 받습니까?"라고 묻는다면, 루터는 아마 다음과 같이 대답했을 것입니다. "로마서 3:21-30이 증거하는 바와 같이, 당신은 오직 신앙을 통해서 그리스도 안에 있는 하나님의 은혜로 하나님 앞에서 의롭게 됩니다." 루터는 이를 구원론의 핵심으로 여겼고, 또 구원론을 모든 신학의 핵심으로 여겼습니다. 루터에게 "칭의 교리는 그저 여러 교리 중 하나가 아니라, 그로써 교회가 서기도 하고 넘어지기도 하는 기본이자 최고의 신앙 조항이며, 교회의 전체 교리가 의존하는 교리"[2]입니다. 루터의 칭의 개념을 이해하기 위해서는 칭의 교리가 반대하는 중세 가톨릭의 가르침을 반드시 이해해야 합니다. 가톨릭 교리에 따르면—아우구스티누스에게까지 적어도 천 년 이상 이어져 있는— 칭의/의화^{稱義/義化, justification}는 세례, 신앙, 사랑의 역사, 완전히 참회한 삶이라는 은총을 통해 주입된 하나님의 의를 소유함으로써 실제로 죄인이 내적으로 의롭게 되는 점진적인 과정입니다. 죄인이 더 이상 죄인이 아닐 정도로 변화된 경우에만 하나님께서 완전하고 완벽한 의미에서 의롭다 하신다는 것입니다. 원죄의 죄책을 씻는 세례의 은혜는 성사와 참회를 통해서 내적으로 성장하는 습관적인 은혜가 되어야 하며, 종국에는 죄 없는 완전한 상태가 되어야 합니다. 전통 가톨릭에서 칭의/의화는 구원 과정을 통해 점진적으로 일어나며, 구원의 마지막에 이르러서야 완전히 이루어집니다.

루터는 줄곧 이런 방식으로 칭의를 찾다가 절망하였습니다. 그는 세례를 받았으며, 수도원에 들어가서 매일 여러 번 진정으로 회개하며 고해함으로써 "완전한 참회자"가 되었습니다. 그는 자신의 수도실의 차가운 돌바닥에서 잠을 잤고, 심지어 자신에게 채찍질을 가했으며 거의 굶어 죽을 지경으로 단식하기도 했습니다. 그럼에도 그의 양심은 여전히 괴로웠고, 자신의 온전치

2   Paul Althaus, *The Theology of Martin Luther*, trans. Robert C. Shultz (Philadelphia: Fortress, 1966), p. 225.

못한 선을 생각하니 하나님은 여전히 화난 표정을 하고 계신 듯 보였습니다. 그는 자신이 아무리 노력해도 하나님을 온전히 기쁘시게 할 수 없다고 느꼈습니다. 그는 성경을 연구하면서 인간의 죄성이 중세 가톨릭의 구원 체계가 전제하고 있는 것보다 훨씬 더 깊은 영향을 미친다는 생각에 이르렀습니다. 루터는 "인간은 … 자신이 할 수 있는 최선으로 행할 때조차도, 최상의 선행 중에도 죄를 짓는다"[3]고 믿게 되었습니다. 그렇다면 칭의에 대한 소망을 조금이라도 품어 볼 수 있는 곳은 어디일까요? 그의 대안적 교리는 "나는 선하지도 의롭지도 않으나, 그리스도는 선하시며 의로우시다"라는 통찰, 그리고 '그리스도의 선과 의'와 '인간의 죄와 불의' 사이의 "달콤하고 즐거운 교환"이 십자가 위에서 일어났다는 통찰로부터 시작되었습니다. 이는 신앙을 가지고 이를 믿는 순간에 얻는 완전한 유익에 관한 것입니다. "신부와 신랑이 결혼하며 서로의 소지품을 교환하는 것처럼, 그렇게 죄인도 그리스도로부터 칭의를 얻고, 그리스도는 그리스도인의 죄를 떠맡으십니다."[4]

이 즐거운 교환은 십자가 위에서 그리스도의 죽음을 통해 일어났고, 또한 하나님의 말씀을 믿고 구원에 있어 오직 그리

3   Althaus, *The Theology of Martin Luther*, p. 149.

4   Oberman, *Luther*, p. 184.

스도만을 신뢰하는 즉시 그리스도인의 삶에서 일어납니다. 이를 위해 필요한 것은 역사 속 십자가, 선포된 복음, 죄인의 마음속 신앙 외에 아무것도 없습니다. 참회 행위를 통해 더해지는 것은 아무것도 없습니다. 하나님에 의해 죄인에게 전가_{轉嫁, imputation}된 그리스도의 공로들은 더 늘어날 수 없습니다. 획득된 의는 그리스도의 것으로, 우리에게 "낯선" 것입니다. "그리스도 안에서 신앙을 통하여 … 그리스도의 의가 우리의 의가 되며, 그가 가진 것은 모두 우리의 것이 됩니다. 그리고 그리스도도 우리의 것이 됩니다."[5] 이 문맥에서 루터는 이 의롭게 하는 의가 절대 사람 자신의 소유가 될 수 없음을 명확히 했습니다. 영원히 그 의는 전적으로 그리스도의 것입니다. 더군다나 그 의는 하나님을 기쁘시게 하고자 하는 새로운 동기—감사—를 제공하지만 그럼에도 그 의를 받는 사람을 실제 의로운 사람으로 변화시키는 것은 아닙니다. 그리스도의 의를 받은 사람도 여전히 뼛속까지 철저히 죄인입니다. 그러한 사람은 **시물 유스투스 에트 페카토르** *simul justus et peccator*—"의인인 동시에 죄인"—라는 지속적인 상태로 남아 있습니다. 죄인은 여전히 죄인이지만 신앙으로 받아들인 그리

5　　Martin Luther, "Two Kinds of Righteousness in Christ," in *Martin Luther's Basic Theological Writings,* ed. Timothy Lull (Minneapolis: Fortress, 1989), p. 156.

스도 때문에 하나님께서는 죄인을 의롭다고 보십니다. "이와 같이 그리스도인은 의인인 동시에 죄인이고, 거룩한 사람이자 더러운 사람이고, 하나님의 대적이면서도 하나님의 자녀입니다."[6]

　루터가 독일에서 교회와 신학의 개혁을 시작하고 있을 때, 또 다른 개혁자는 스위스에서 개신교 혁명을 시작하고 있었습니다. 스위스인들은 울리히 츠빙글리를 국가의 영웅으로 생각합니다. 일반적으로 스위스의 개신교인들은 츠빙글리가 루터와는 완전히 별개로 개신교로의 돌파구를 마련했다고 믿습니다. 그러나 츠빙글리의 젊은 동료로 프랑스 태생인 스위스 제네바의 장 칼뱅에 대해서는 그렇게 말할 수 없습니다. 칼뱅은 파리에서 대학 시절을 보내는 동안 루터의 가르침에 영향을 받았습니다. 츠빙글리와 칼뱅은 함께 스위스의 개혁을 도왔고, '개혁파'Reformed로 알려진 유럽에서 루터교와 비등한 개신교 주류를 창설했습니다. 이는 대영제국에서 장로교와 청교도 운동을 낳았습니다.

츠빙글리와 칼뱅, 개신교 사상을 체계화하다

루터는 조직 신학 저술을 출간하지 않았습니다. 그의 사상은

6　　Martin Luther, "A Commentary on St. Paul's Epistle to the Galatians," in *Martin Luther: Selections from His Writings*, ed. John Dillenberger (New York: Anchor, 1962), p. 130.

비일관적이라고까지 말할 수는 없더라도 거의 체계화되지 않은 상태였습니다. 루터는 하나님과 하나님의 말씀은 궁극적으로 신비이며 인간의 파악 능력을 넘어선다고 믿었기 때문에, 역설 paradox이 그에겐 정상적인 표현이었습니다. 스위스의 종교개혁 자들은 이제 막 시작된 개신교 신학을 체계화하고 조직화하는 데 집중했습니다. 그렇게 하는 과정에서 그들은 자신들의 독특한 의견을 덧붙였습니다. 그들의 작업에서 유래한 신학을 보통 개혁 신학이라고 부릅니다. 반면 루터에게서 유래한 신학은 루터파 또는 복음주의로 부릅니다(유럽의 일부 지역에서 '복음주의'라는 말은 단순히 로마 가톨릭에 반대하는 개신교를 의미합니다).

울리히 츠빙글리 Ulrich Zwingli, 1484-1531는 취리히에서 "민중의 사제"였습니다. 많은 사람들이 츠빙글리가 성만찬을 두고 루터와 벌였던 논쟁을 통해 그를 기억하고 있습니다(츠빙글리는 성만찬 을 그리스도의 희생을 기억하고 기념하는 식사로 해석했지만, 루터는 성찬 시 그리스도께서 신자들에게 실재로 임재한다고 해석했습니다). 하지만 츠빙글리를 스위스에서 종교개혁을 시작한 인물이자 개 혁파 개신교의 아버지로 기억하는 게 더 좋을 것입니다.

신학에서 츠빙글리의 독특한 공헌은 하나님의 섭리攝理, providence에 관한 그의 이해로부터 나옵니다. 루터가 하나님이 모든 것을 결정하는 실재라고 믿고 가르치는 동안, 츠빙글리는 하나님의 주권을 그리스도교 신학에서 특별한 자리에 놓았습니다. 루터는 하나님의 주권을 은혜의 복음의 한 부분으로 다루었지만, 츠빙글리와 후대의 칼뱅은 하나님의 주권을 그리스도교 사상의 첫째 원리로 다루었습니다. 이는 그의 신학 체계에서 하나님의 주권이 제일 처음에 나타난다는 말이 아닙니다. 보다 정확히 말하자면, 하나님의 주권은 개혁 신학의 모든 교리들을 구성하는 핵심적인 주제로 가장 중요한 자리를 차지하고 있다는 말입니다. 바퀴의 중심이 모든 바퀴살을 지탱하고 있는 것처럼 말이죠. 루터에게 있어 그러한 핵심 주제는 오직 신앙을 통한 은혜에 의한 구원(칭의) 교리일 것입니다. 츠빙글리와 칼뱅과 개혁파 동료들에게 있어 핵심 주제는 모든 것을 결정하시는 하나님의 주권과 능력에 관한 교리가 되었습니다.

츠빙글리는 이성과 성경에 기초하여, 섬세한 섭리와 주권으로 만물을 다스리시는 하나님의 통치에 관한 가장 강력한 교리에 이르렀습니다. 츠빙글리는, 만일 하나님이 하나님이시라면 어떤 독립적인 능력이나 결정권을 가질 수 있는 자가 하나님 외에는 절대 아무도 없다고 주장하였습니다. 츠빙글리는 『섭리에 관하여』*On Providence*에서 다음과 같이 썼습니다. "나는 섭리를 우주 만물에 대한 통치와 감독으로 정의합니다. 왜냐하면 어떤 것이 그 자체의 능력과 통찰로 인도된다면, 우리 하나님의 지혜와

능력이 그만큼 모자란다는 뜻이기 때문입니다." [7] 하나님의 섭리
적 통치는 영원하고 불변하며, 선과 악을 포함하여 발생한 모든
것의 원인이고, 우발적으로 또는 우연하게 어떤 뜻밖의 일이 발
생할 여지를 두지 않습니다. 하나님은, 아니 하나님만이 모든 것의
"유일한 원인"이시며, 소위 원인으로 불리는 다른 모든 것들은
그저 "하나님의 사역의 도구"일 뿐입니다. [8]

　　장 칼뱅Jean Calvin, 1509-1564은 이러한 섭리에 대한 가르침과
더불어 유아 세례, 예정, 성경에 관한 츠빙글리의 가르침을 체계
화하고 확장하였습니다. 장 칼뱅은 1509년 7월 10일 프랑스 누
와용Noyon 근방에서 태어났고, 1564년 5월 27일 스위스 제네바
에서 사망했습니다. 제네바는 독립공화국이었고 나중에 스위스
의 일부가 되었습니다. 칼뱅은 '목사회장'으로 사실상 제네바를
통치하였습니다. 이 프랑스인 개신교 개혁자는 제네바 아카데
미를 설립하였는데, 유럽 전역에서 개신교인들이 이곳에 몰려
들었습니다. 제네바의 신학교는 스코틀랜드와 잉글랜드에서
개신교 박해가 계속되는 동안 존 녹스John Knox, 1514-1572와 같은

7　　Ulrich Zwingli, "On the Providence of God," in *On Providence and Other Essays*, ed. Samuel Jackson and William John Hinke (Durham, N.C.: Labrynth, 1983), p. 137. 「하나님의 섭리」, 『츠빙글리 저작 선집 4』, 임걸 옮김 (서울: 연세대학교대학출판문화원).

8　　Zwingli, "On the Providence of God," p. 157.

미래의 개혁자들을 끌어들였습니다. 존 녹스는 이 스위스 도시를 모델로 하여 스코틀랜드를 변화시키는 데 성공한 인물이죠. 칼뱅과 그의 후계자 테오도르 베자Theodore Beza, 1519-1605가 지도한 제네바와 제네바 아카데미를 "사도 시대 이래로 가장 완벽한 학교"라고 찬양했던 이도 존 녹스입니다.

칼뱅은 루터와 츠빙글리처럼 하나님을 모든 것을 결정하시는 실재로 보았고 자연과 역사를 다스리시는 하나님의 섬세한 섭리를 가르쳤습니다. 칼뱅은 역사에서 일어난 어떤 사건들을 가리켜 간혹 하나님의 "허용"이라고 말하기도 했지만, 전반적으로 그는 하나님을 모든 것의 궁극 원인으로 보았고 "하나님의 작정作定, decree에 따른" 결정 없이는 절대 아무것도 일어날 수 없다고 가르쳤습니다. 칼뱅은 츠빙글리처럼 우연성을 거부했습니다. 아무것도 [하나님의 뜻 밖에서] 우발적으로 일어나지 않는다는 것이죠. 하나님은 또한 미래에 일어날 것을 단순히 미리 보고 미리 아시는 게 아닙니다. 오히려, "하나님은 섭리의 굴레를 가지고 모든 일을 자신이 뜻하신 방향으로 돌리시고," [9] "신앙은 우리에게 우연으로 보이는 것이 우리 모르게 하나님으로부터

9   John Calvin, *Institutes of the Christian Religion*, trans. Ford Lewis Battles (Philadelphia: Westminster Press, 1960), vol. 1, 1.16.9, p. 209. 『기독교 강요』, 김종흡 외 옮김(서울: 생명의말씀사, 1988).

온 작용이었다는 사실을 인식합니다."[10] 이것은 아담과 하와의 타락도 하나님께서 미리 정하셨다는 의미일까요? 우리가 하나님의 법을 순종하지 않을 때 죄의 상태에 있는 것처럼, 확실히 아담과 하와는 하나님의 뜻에 저항한 죄가 있었습니다. 그렇더라도 "최초의 사람이 타락한 것은 주님께서 그것이 적절한 방책이라고 판단하셨기 때문입니다. 주님께서 그렇게 판단하신 이유는 우리에게 감춰져 있습니다. 그럼에도 그렇게 함으로써 자기 이름의 영광이 알맞게 계시된다는 점을 주님께서 보셨기 때문에 그렇게 판단하셨다는 점은 분명합니다."[11] 칼뱅에게 있어 일어나는 모든 일은 하나님의 영광을 더하는 것입니다. 비록 그것이 어떻게 일어나는지를 우리 인간이 알 수 없더라도 말이죠. 또한 하나님의 영광은 일어나는 모든 일의 이유이자 목적입니다. 비록 우리가 그것을 사랑이나 자비, 정의와 조화시켜 생각할 수 없더라도 말이죠.

종종 이중 예정double predestination에 대한 신념을 간편하게 칼뱅주의로 부르기도 합니다. 또한 많은 사람들이 칼뱅 신학을 체계화하는 핵심 원리이자 그의 가장 큰 공헌이 이중 예정이라

---

10   Calvin, *Institutes*, p. 210.

11   Calvin, *Institutes*, vol. 2, 3.23.8, p. 957.

고 생각해 왔습니다. 그럼에도 "보다 면밀하게 검토해 보면, 칼뱅의 선택 교리는 그가 독창적으로 전개한 것이 아니라는 느낌이 듭니다. 이 주제에 대한 칼뱅의 가르침은 루터와 츠빙글리에게서 이미 봐 왔던 것과 그 본질에 있어 모두 일치합니다."[12] 칼뱅은 성경과 그리스도교 전통이 모두 "하나님은 사랑으로 포용하고자 하시는 자들과 자신의 진노를 쏟고자 하시는 자들을 영원부터 정하셨다고 한다"[13]고 확언했습니다. 칼뱅은 이 교리와 디모데전서 2:3-4, 베드로후서 3:4가 서로 명백히 상충한다는 점을 인정했습니다. 이 두 구절은 하나님께 구원에 대한 보편적인 의지가 있음을 암시합니다. 칼뱅의 해결책은 하나님의 이중 의지—나타난 의지와 감추어진 의지—를 상정하는 것이었습니다. 하나님의 나타난 의지는 회개하고 믿는 모든 자들에게 자비와 용서를 베푸시는 것입니다. 하나님의 감추어진 의지는 어떤 이들의 영벌을 미리 정하시고 반드시 그들이 죄를 짓고도 회개하지 않도록 하시는 것입니다(롬 9:10-23). 칼뱅은 두 의지와 이중 예정에 관한 이러한 교리에 반대하는 이들을 가만히 두지 말라고 선포했습니다. "왜냐하면 아우구스티누스가 올바르게

---

12   Timothy George, *Theology of the Reformers* (Nashville: Broadman, 1988), p. 232.

13   Calvin, *Institutes*, vol. 2, 3.24.17, p. 985.

주장했듯이, 인간의 공의를 표준으로 삼아 하나님의 공의를 재는 사람들은 정도에서 벗어난 행동을 하고 있기 때문입니다."[14]

급진 개혁자들, 그리스도교의 뿌리를 되찾다

16세기의 개신교 종교개혁자들과 그 추종자들은 모두 두 가지 범주로 나뉠 수 있을 것입니다. 하나는 관 주도형 개혁자들 Magisterial Reformers이고, 다른 하나는 급진 개혁자들 Radical Reformers 입니다. 급진이란 말은 단순히 '근원으로 돌아감'을 의미합니다. 물론 개신교인들은 모두 중세의 전통이 신약성경의 참 복음을 겹겹이 둘러싸서 숨겨 놓았다고 봤으며, 그래서 이 여러 겹들을 벗겨 내어 진정한 신약성경의 복음을 회복시키고자 했습니다. 그럼에도 어떤 개혁자들은 나머지 개혁자들보다 더욱 급진적이었습니다. 그래서 이들의 공통적인 특성 때문에 "급진 개혁자들" 내지 그야말로 "철저한 항의자들/개신교인들"radical Protestants ●이라는 말로 한데 묶이게 되었습니다.[15]

---

14   Calvin, *Institutes*, p. 987.

●   개신교도를 뜻하는 protestant는 원래 '항의자'라는 의미였습니다.

15   16세기 개신교 종교개혁자들을 이렇게 두 유형으로 묘사한 것은 George H. Williams, *The Radical Reformation* (Philadelphia: Westminster Press, 1962), pp. xxiii-xxxi에서 대략적으로 도출한 것입니다.

관 주도형 개혁자 중 주요 인물로는 루터, 츠빙글리, 칼뱅이 있습니다. 유럽의 여러 국가와 도시에 있는 이들의 동료 및 추종자들이 관 주도형 종교개혁을 이루어 냈습니다. 이렇게 부르는 이유는 그들 모두 **관료들**—영주들, 재판관들, 시의회 구성원들과 같은 세속 고위 당국자들을 총칭하는 용어—의 도움을 통해 자신의 나라에 하나의 참된 그리스도교 교회와 연방 commonwealth을 세우고자 했기 때문입니다. 관 주도형 개혁자들은 교회와 국가 간의 어떤 협력 형태를 구상했고, 자신들의 영토에서 로마파(로마 가톨릭 신자)들과 이단들을 모두 몰아내려 했습니다. 루터파든 개혁파든 성공회든 간에 관 주도형 개신교인들은 대부분 초기 그리스도교 세계의 신경들의 상대적 권위를 인정했고, 유아 세례를 주장했습니다. 또한 자신들의 영토 안에서 단 한 가지 형태의 그리스도교만을 합법적 형태로 인정했고, 세속 당국자들이 권력을 사용하여 자신들의 종교 형태를 따르지 않는 사람들을 박해하고 전쟁을 벌이게 하였습니다.

급진 종교개혁은 16세기 유럽에서 교회와 국가의 분리 원칙을 믿고, 종교적 신념을 강압하는 일을 거부하고, 법정적 칭의보다 하나님의 영에 의한 중생('거듭남')의 경험을 강조하고, 신자 세례 내지 성령 세례를 지지하고 유아 세례를 거부하였던 개신교인들을 모두 아우르는 말입니다. 특히 마지막 특징으로 인해

"재세례파/아나뱁티스트"再洗禮派, Anabaptists 즉, 다시 세례 받은 자들이라는 딱지가 붙은 진영도 있습니다. 이 진영에서 몇몇 주목할 만한 이름으로는 발타자르 후브마이어Balthasar Hubmaier, 1480-1528, 메노 시몬스Menno Simons, 1496-1561, 펠릭스 만츠Felix Manz, 1498-1527, 콘라드 그라벨Conrad Grebel, 1498?-1526이 있습니다. 이들은 그리스도인 관료들을 멀리했고, 종종 다른 사회 구성원들로부터 가능한 떨어져 살려고 하였습니다. 이들 대부분은 그리스도교 평화주의와 소박한 생활 방식을 신봉했습니다. 일부는 그리스도인 공동체를 꾸리기도 했습니다. 이들은 모두 신조와 교리적 신념 고백보다 그리스도인의 실천적 삶을 강조했습니다. 그리고 일부는 정규 신학 교육과 직업 성직자 제도를 반대했습니다.

급진 개신교도는 '개신교에 대한 개신교도'●였습니다. 이들은 루터와 그 밖의 관 주도형 개혁자들이 교회의 로마 가톨릭적 요소들을 정화하면서 어중간한 조치를 취했다고 보고, 이 점에 대해 항의했습니다. 급진 개혁자들은 그리스도교를 1세기의 사도적 형태로 회복시키려고 노력했습니다. 오직 교회가 원래의 신약성경의 교회가 그러했을 모습처럼 보이고 행동하게 될 때에만 개신교 종교개혁이 완료될 것입니다.

● 항의주의에 대한 항의자들.

잉글랜드 종교개혁

잉글랜드 종교개혁은 유럽의 여타 개신교 종교개혁과는 매우 다른 방식으로 시작되었습니다. 헨리 8세^{Henry VIII, 1491-1547} 왕은 자신의 아내와 이혼하고 다른 사람과 결혼하고 싶어 했습니다. 왜냐하면 그의 아내 아라곤의 캐서린^{Catherine of Aragon}은 왕위를 계승할 왕자를 낳지 못했기 때문입니다. 종교적인 이유만큼이나 정치적인 이유로(캐서린은 신성로마제국의 황제 카를 5세의 이모였습니다) 교황은 헨리의 이혼을 승인할 수 없었습니다. 그래서 헨리는 잉글랜드 교회와 로마 사이의 공식적인 관계를 단절하였습니다. 헨리는 잉글랜드 대주교 자리에 마음에 드는 잉글랜드 신학자 토머스 크랜머^{Thomas Cranmer, 1489-1556}를 임명하였습니다. 크랜머는 자신의 이혼과 재혼에 정당성을 부여해 줄 인물이었습니다. 크랜머는 헨리 왕이 용인해 줄 만한 정도까지 루터파의 노선을 따라 조심스럽게 잉글랜드의 종교개혁을 진행해 나갔습니다. 헨리는 크랜머에게 고마운 마음이 있긴 했지만, 개신교적 이상이 마음에 들진 않았습니다. 헨리 왕은 1534년에 자신이 켄터베리 대주교를 예하에 둔 잉글랜드 가톨릭교회의 '수장'이라고 공포했습니다. 그리고 자신의 수장권을 인정하지 않는 로마 가톨릭교도와 개신교도를 화형에 처했습니다. 헨리 치하에서 잉글랜드 교회의 신학은 여전히 확고한 가톨릭 신학이었지만, 로마와 교황으로부터는 독립했습니다. 그의 딸 엘리자베스 1세는 중도적인 방법으로 잉글랜드 종교개혁을 완성했습니다. 이 '중용'의 종교개혁 방식은 잉글랜드 국교회The Church of England 곧 성공회Anglican Church를 낳았습니다.

로마 가톨릭의 반종교개혁反宗敎改革, Counter-Reformation

1520년대와 1530년대의 로마 가톨릭 지도자들과 신학자들은 새로운 에큐메니칼 공의회를 요구했습니다. 맹렬한 개신교 혁명에 대한 반응이기도 했고, 아마 교회 내부를 개혁하기 위한 것이기도 했습니다. 1544년 11월 11일, 교황 바오로 3세Pope Paul III는 이듬해 3월에 트리엔트라는 이탈리아의 도시에서 회의를 시작하기 위해 교회의 제19차 에큐메니칼 공의회를 소집하는 교령을 발표했습니다. 공의회는 20년 동안 계속되었습니다. 황제는 이 공의회가 개신교와 로마 가톨릭의 화해를 가져와서 그리스도교 세계가 재통합되기를 희망했습니다. 그래서 황제는 루터파 대표자들을 초청하라고 강요했습니다. 하지만 불행하게도 교황의 생각은 달랐습니다. 교황은 개신교인들과 로마 교회 사이의 차이점들을 상술한 다음, 전자가 이단이고 후자가 하나의 참된 교회를 대표한다는 점을 분명히 하기를 원했습니다.

트리엔트 공의회 The Council of Trent는 종교개혁의 3대 구호—신앙을 통한 믿음에 의한 칭의, 오직 성경, 신자의 제사장직—에 대해 다음과 같이 판결했습니다. 의화/칭의는 "사람이 첫째 아담의 상태로 태어나서, 둘째 아담인 우리 구주 예수 그리스도를 통해 은총의 상태로, 하나님의 자녀로 입양된 상태로 옮겨지는 것이다. 이 옮겨짐은 복음이 선포된 이후 중생의 물[세례] 없이 혹은 그것에 대한 원함 없이 일어날 수 없다."[16] 게다가 트리엔트 공의회는 "의화는 그저 죄 사함에 그치는 것이 아니라 은총과 선물을 기꺼이 받아들임으로써 속사람이 성화 sanctification 되고 새롭게 되는 것이며, 그로써 사람이 불의한 자에서 의로운 자가 되고 적에서 친구가 되며, 그러한 사람은 영원한 생명을 소망하는 상속자가 될 것이다"[17]라고 포고했습니다. 이와 같이 트리엔트 공의회는 의화/칭의와 성화를 동일시했습니다. 즉, 구원이라는 하나의 동전의 양면으로 칭의와 성화를 다룬 것이죠.

트리엔트의 대표자들은 오직 성경이라는 개신교의 개념을

---

16   John F. Clarkson et al., trans., *The Church Teaches: Documents of the Church in English Translation* (St. Louis, Mo.: Herder, 1961), pp. 231-232.

17   Clarkson et al., trans., *The Church Teaches*, p. 233.

전면적으로 반대했습니다. 그리스도교의 교리는 성경과 전통이라는 두 가지 권위를 원천으로 합니다. 트리엔트는 성경 외부의 전통의 권위를 확언했을 뿐만 아니라, 이를 알면서 의도적으로 반대하거나 공격한 사람을 파문 또는 단죄했습니다. 더욱이 트리엔트 공의회는 라틴어 불가타 성경이 진본 성경(외경으로 불리는 책들이 포함됩니다)임을 확인하여 주었고, 모교회(로마교회)에 성경 말씀의 의미를 판별하는 최종 판단자라는 권위를 부여해 주었습니다. 같은 방식으로 신자의 제사장직에 관한 교리는 즉시 기각되었습니다. 트리엔트 이후 개신교와 가톨릭은 화해할 수 있는 기회를 잃게 되었습니다.

그 다음에 일어난 일:
개신교인들, 자기 고유의 이야기를 쓰기 시작하다

몇몇 개신교인들은 종교개혁에서 20세기에 이르기까지 역사적으로 크게 중요한 일이 없었다는 소박한 생각을 가지고 있습니다. 종교개혁자들이 참된 그리스도교를 회복시켰고 그 후엔 내리 그 상태로 있었다는 것이죠. 당연히 실제는 그렇지 않았습니다. 적어도 다섯 개의 주요한 개신교 운동이 종교개혁에 뒤따라 나타났습니다. 이 운동들은 어떤 식으로 종교개혁을 수정하거나 완성하려 했습니다. 아르미니우스주의자들, 경건주의자들, 청교도, 감리교도, 이신론자들은 그렇게 함으로써 자기 자신들의 이야기를 쓰기 시작했습니다.

아르미니우스, 개혁 신학을 개혁하려 하다

16세기 후반기 동안에는 개혁파 개신교 신학이 점점 칼뱅주의 교리 체계로 발전했습니다. 이 신학 체계는 나중에 TULIP^{튤립}이라는 두문자어로 요약됩니다. 칼뱅주의의 이 다섯 가지 포인트는 1618-1619년에 열린 도르트 회의^{Synod of Dort}에서 발표되고 공식 교리가 됩니다. 다음은 이 다섯 포인트의 아주 간략한 요약입니다.

- **전적 타락/부패**^{Total depravity}: 하나님께서 주권적으로 인간들을 중생시키시고 구원이라는 선물을 주시기 전에, 인간은 죄와 허물로 죽은 상태다. (보통 여기에는 자유 의지를 부정하는 듯한 함의가 있습니다.)

- **무조건적인 선택**^{Unconditional election}: 하나님은 어떤 인간들을 구원하시기로 택하셨는데, 이 선택은 그들이 스스로 한 모든 행위

보다 앞선 것으로 행위와 관계없는 것이다. (여기에는 하나님께서 적극적으로 어떤 인간들을 영벌에 처하기로 미리 정하신 것인지, 아니면 그들이 영벌을 받을 만하게 내버려 두신 것인지 여부가 열린 물음으로 남아 있습니다.)

- **제한 속죄**Limited atonement: 그리스도께서는 오직 선택받은 사람들만을 구원하시려고 죽으셨다. 그리스도의 죽으심은 선택받지 않은 사람들까지 속죄할 수 있을 만큼 충분한 것이나, 그 효력은 선택받은 자들에게 제한된다. 선택받지 않은 자들은 하나님의 섭리의 신비 가운데 남겨 두어야 한다.

- **불가항력적인 은혜**Irresistible grace: 하나님의 은혜에는 저항할 수가 없어서 선택받은 사람은 은혜를 받고, 그 은혜로써 구원받는다. 멸망할 자는 그 은혜를 받지 못한다.

- **성도의 견인**Perseverance of the saints: 〔하나님께서 보존preserve하시기 때문에〕 선택받은 사람은 필연적으로 마지막 구원의 때까지 견디고 인내한다persevere. (영원한 안전 내지 "한번 구원받은 사람은 영원히 구원받은 사람.")

모든 개혁파 개신교도가 이 다섯 가지에 동의하는 것은 아닙니다. 야코부스 아르미니우스^{Jacob Arminius, 1560-1609}와 같은 몇몇 사람들은 TULIP으로 요약되는 저 주장이 선택 교리를 엄청 환원주의적으로 왜곡한다고 느꼈습니다. 아르미니우스는 제네바에서 칼뱅의 수제자인 테오도르 베자 밑에서 공부했습니다. 아르미니우스는 몇몇 개혁파 신학자들의 선택과 예정에 대한 경직된 이해에 의문을 던지기 시작하면서 논란의 폭풍 속에 휩싸이게 되었습니다.

아르미니우스가 선택 교리를 부인한 것은 아닙니다. 다만 그는 개개인이 자신에게 주어진 자유를 가지고 자유롭게 행할 것을 하나님께서 **미리 아신다**는 측면에서 선택을 이해해야 한다고 주장한 것입니다. 하나님께서는 누가 믿을지 믿지 않을지를 미리 아십니다. 바울이 로마서 8:29에서 말했듯이, "하나님께서는 미리 아신 사람들을 택하셔서, 자기 아들의 형상과 같은 모습이 되도록 미리 정하셨으니, 이것은 그 아들이 많은 형제 가운데서 맏아들이 되게 하시려는 것입니다"(새번역). 미리 아심으로 이해되는 선택 교리도 본질상 구원의 확신에 관한 교리가 됩니다. 어느 누구든지 신앙 안에서 그리스도의 구원을 받아들이면, 자신이 실제로 구원받을 것임을 확신해도 됩니다. 모든 믿는 사람은 하나님께서 하나님의 자녀가 되도록 선택하셨음을 확신할 수 있습니다.

'제한 속죄'와 관련하여, 아르미니우스는 그리스도의 죽음과 부활이 미치는 구원의 결과는 다음과 같은 의미에서 선택받은 자들에게 제한된다고 주장하였습니다. 구원은 오직 자유롭게 믿음을 선택한 사람들에게만 이릅니다. 그리스도의 죽으심의 효력이 '제한적'(이 용어를 사용하기를 원한다면)이라는 말은 그가 '특정한 사람들만을 위해서 죽으신 것이며 그 밖의 사람들을 위해서 죽으신 것은 아니다'라는 의미를 내포하지 않습니다. 그리스도께서는 모든 인류의 죄를 속죄하시기 위해 죽으셨습니다. 그러나 구원은 믿는 사람들로 제한되며, 그리스도를 거부하는 사람은 구원에 포함되지 않습니다. 영벌에 처해진다는 것은 그리스도의 구원을 거부한다는 것입니다.

'불가항력적인 은혜'에 대해서는 어떻게 주장했을까요? 고전적 칼뱅주의자들은 구원의 은혜는 언제나 저항할 수 없는 것이라고 주장했습니다. 반면 아르미니우스는 은혜에 저항할 수 있으며 성경 안의 많은 인물들도 하나님의 은혜에 저항했다고 믿었습니다. 하지만 인간이 구원을 받아들일 수도 있고 거절할 수도 있다면, 어떻게 구원이 '전적인 은혜'일 수 있을까요? 아르미니우스는 이에 대해 "선행하는 은혜"prevenient grace라고 답합니다. 즉, 은혜가 구원보다 선행한다는 것이죠. 하나님은 항상 자신의 피조물들과 연애하려 하십니다. 갖가지 방식으로 모든 이에게 은혜와 사랑을 베푸시면서 말이죠. 사람이 이 선행하는 은혜에 저항하지 않고 이 은혜가 역사하도록 허용하기만 하면, 이 은혜는 의롭게 하는 은혜가 됩니다. 이 변화는 '회심'이지 선행이 아니며, 단순한 받아들임입니다. 인간의 의지는 선행하는 은혜(인격 안에서 하시는 성령의 작용)로 자유로워지며, 그러한 의지는 구원이 필요함을 받아들이고 하나님이 신앙이라는 선물을 주시도록 도움으로써 협력하는 것입니다. 하나님은 은혜를 강제하시지 않습니다. 죄인이 획득할 수 있는 것도 아닙니다. 은혜는 오직 자유롭게 받아들일 수 있는 것이나, 이 받아들일 수 있는 능력조차도 은혜로써 가능하게 된 것입니다.

불행히도, 아르미니우스는 칼뱅주의에 대한 자신의 해석을 충분히 옹호할 수 없었습니다. 종교 지도자들과 정치 지도자들이 그의 신학을 한창 공개 심리하던 중에 그는 폐결핵으로 죽었습니다. 그의 추종자들이 용감하게 그의 이상을 이어갔지만, 도르트 회의에서 TULIP이라는 다섯 가지 항목을 승인함으로써 논쟁은 사실상 종료되었습니다.

경건주의자, 루터파 신학을 새롭게 하려 하다

아르미니우스주의가 칼뱅 이후의 개혁파 신학에 대한 반응이자 반대였던 것과 마찬가지로, 경건주의는 루터 이후의 루터파 정통에 대한 반응이자 반대였습니다. 경건주의 운동이 새로운 교리를 소개하는 일에 관심이 있었던 것도 아니고, 독일 루터교의 신념들을 급진적으로 대체하는 일에 관심이 있었던 것도 아닙니다. 그럼에도 경건주의는 영적 회복을 위한 운동 그 이상이었습니다. 경건주의의 독특한 강조점들은 신학적 전환을 초래했습니다. 비록 대개 이를 의식한 것도 의도한 것도 아니었지만 말이죠. 그 전환은 아마 다음과 같이 요약될 수 있을 것입니다. 즉, 경건주의 이전의 개신교 신학은 대체로 구원의 객관적 성격(하나님께서 백성들을 **위하여** 하신 일)에 초점을 맞췄다면, 경건주의 신학은 구원의 주관적 성격(하나님께서 백성들 **안에서** 하시는 일)에 보다 초점을 맞추고 있습니다.

루터파 신학은 하나님의 구속 사역의 객관적 성격을 강조했고, 주관적 성격을 띠는 영적 경험들에 대한 관심을 대체로 피했었습니다. 신자들은 자신이 경험하는 정서들을 아주 별개로 여기면서 성경과 물세례를 통해 예수 그리스도 안에 주어진 하나님의 약속의 말씀을 받아들이고 지지하도록 장려받았습니다. 누군가 루터파 국교회의 성직자에게 가서 죄책감과 정죄감을 느끼고 있고 구원의 확신이 없다고 고백했다면, 그 성직자는 아마 "세례 받았나요?"라고 물었을 것입니다. 이 물음에 "네"

라고 대답했다면, 성직자는 그 신자에게 관련 말씀과 세례수를 통해서 죄 사함의 약속을 신뢰하고 세례의 신앙을 새롭게 하라고 격려했을 것입니다. 세례는 신자가 하나님과 관계있음을 식별해 주는 '표지'였습니다. 반면 경건주의자들은 그런 신자에게 이렇게 물었을 것입니다. "당신은 회심한 적이 있으십니까?" "경건 생활은 어떻게 하고 계시죠?" 경건주의자들에게 있어 참된 그리스도인임을 식별해 주는 '표지'는 물세례가 아니라 개인적인 회심이 되었습니다. 그리고 확신은 매일 세례의 신앙을 새롭게 하는 것이 아니라 회심한 이의 경건 가운데 있었습니다.

청교도와 감리교도, 잉글랜드 신학의 부흥을 위해 분투하다

잉글랜드에서도 어떤 이들은 아르미니우스주의자들 및 경건주의자들과 비슷하게 권력을 장악한 개신교의 형태가 불만스러웠습니다. 이들은 제네바와 스코틀랜드를 모본으로 보고, 영국 교회가 종교개혁을 완성하기 위해서는 '정화'purified되어야 한다고 주장했습니다. 이 청교도들Puritans은 철저하고 집요할 정도로 칼뱅주의적이었습니다. 그들은 하나님의 절대 주권과 인간의 전적 타락을 선포했습니다. 그들은 도르트 회의의 다섯 가지 신학적 요점(TULIP)에 열렬히 동의했을 것입니다. 아르미니우스주의를 그리스도교 신학의 '괴저' 병이라고 규탄하면서 말이죠.

어떤 청교도 신학자가 역사 속 섭리의 신비스러운 방식을 검토하고 격찬하는 것만큼이나 사랑했던 유일한 것은 신자 개인 안에서 경험하는 단계들과 측면들을 탐구하여 발표하는 것이었습니다. 청교도 신학은 지지자들 모두가 칼뱅주의 말고도 의견 합치를 이루는 세 가지 신학적 개념으로 특징지어집니다. 즉, 정화된 교회, 하나님과 선택받은 백성 사이의 언약 관계, 그리스도교화된 사회입니다. 초창기 개신교 신학에서도 각 개념의 전조를 찾아볼 수 있지만, 독특한 방식으로 이 개념들 각각을 강조한 이는 청교도였습니다. 그리고 청교도들은 그리스도교 신학 어디에서도 볼 수 없는 독특한 청교도만의 레시피로 이 세 가지를 결합했습니다. 청교도 신학에 대해 가장 설득력 있고 철두철미한 주장을 만들어 낸 사상가는 바로 미국의 조나단 에드워즈Jonathan Edwards, 1703-1757입니다.

또 다른 갱신과 개혁 운동은 바로 잉글랜드 교회에서 청교도주의의 열기가 식어갈 때 나타났습니다. 1740년대 잉글랜드와 북아메리카의 잉글랜드 식민지에서 일어난 소위 대각성 운동The Great Awakening으로 불리는 것은 청교도주의의 종말과 감리교의 탄생을 야기하도록 거들었습니다. 감리교Methodism는 갈수록 차가워지고, 형식적이고, 합리주의적인 성공회 전통에 새 생명을 불어넣기 위한 경건 운동과 부흥 운동으로 시작되었습니다.

존 웨슬리John Wesley, 1703-1791와 그의 친구였던 조지 휫필드George Whitefield, 1714-1770는 분열을 주도하거나 새로운 교파를 창시할 의도가 전혀 없었습니다. 그들은 그저 신자들의 마음을 다시 깨우고 제자도를 체화하는 '방법들'methods을 제시하고자 했습니다. 이 감리교 집단과 모교회의 긴장 관계로 인해 웨슬리는 그와 함께 했던 자들이 잉글랜드 국교회로부터 분립하는 발판이 되어 준 셈입니다. 감리교 감독 교회는 1784년 미국에서 태어났습니다. 그로부터 10년도 채 되지 않은 1791년에 웨슬리는 죽었습니다. 잉글랜드에서는 1787년에 감리교 운동에서 '국교회에 반대하는 교회'가 되면서 공식적으로 독립하게 되었습니다. 웨슬리 자신은 그의 운동이 잉글랜드 국교회를 변화시키는 운동이라는 환상을 가지고 있었습니다. 거의 임종 무렵까지 말이죠. 그제야 웨슬리는 자신이 새로운 개신교 교파를 세웠음을 마지못해 인정했습니다.

개신교 신학 이야기에 있어 웨슬리가 기여한 독특한 공헌이 있다면 그것은 개신교의 고전적 원리 중 두 가지를 독특하게 해석했다는 점입니다. 첫째, 그는 오직 성경sola scriptura을 긍정하면서도, 그리스도인의 신앙과 실천에 있어서의 권위에 대한 견해를 발전시켰습니다. 이는 "웨슬리의 사변형"Wesleyan quadrilateral으로 알려지게 되었습니다. 웨슬리는 그리스도인의 설교와 삶에 관한 모든 다른 원천과 규범보다 성경이 최고의 권위라는 점을 고수했습니다. 그러면서도 한편으로는 이성, 전통, 경험도 신학 함에 있어 필수적인 해석 도구로 포함시켰습니다. 즉, 웨슬리의 사변형은 신학에 필수적인 네 가지 원천과 도구로 성경, 이성, 전통, 경험입니다. 둘째, 웨슬리는 '솔라 그라티아 에트 피데스'*sola gratia et fides, 오직 신앙과 은혜*를 긍정하면서도, 온전한 성화를 통한 그리스도인의 완전함의 실제적 가능성을 강조했습니다. 그리스도인들은 사랑의 영역에서 진전이 가능하기 때문에, '사랑 안에서의 완전함'●을 향해 분투해야 합니다. 그리스도인은 지금 여기에서 거룩해지라고 부름받고 있습니다. 고전적 개신교 신학에 대한 이 두 가지 수정은 웨슬리가 살아 있는 동안 논란이 되었습니다. 이 두 가지는 감리교에 깊은 영향을 미쳤고, 감리교를 통해서 수많은 개신교인들에게도 영향을 미쳤습니다. 그리고 그리스도교 내부에서 계속해서 논쟁의 주제가 되고 있습니다.

이신론자, 새 시대의 청중에 맞춰 이야기를 편집하다

에드워즈와 웨슬리가 근대 복음주의 그리스도교를 창시하는 동안, 다른 종교적 개혁자들은 개신교를 완전히 다른 새로운

●   요한일서 4:18.

방향으로 바꾸려 하고 있었습니다. 심장보다는 머리가 이끄는 방향이었습니다. 이신론^{Deism} 내지 자연 종교$^{natural religion}$는 17세기와 18세기 초의 운동으로, 새롭게 싹트는 근대 세계와 충돌하지 않는 이성적인 형태로 개신교 신학을 개혁하려 했습니다.

존 로크$^{John Locke, 1632-1704}$, 매튜 틴달$^{Matthew Tindal, 1657-1733}$, 존 톨랜드$^{John Toland, 1670-1722}$와 같은 초기의 이신론 사상가들은 주로 세 가지 생각을 개발하고 옹호하였습니다. 첫째, 이들은 진정한 그리스도교가 이성과 완전히 일관적임을 입증하려 했습니다. 만일 어떤 신념이나 도덕 원칙이 이성의 보편적인 기준과 일관적임을 보일 수 없다면, 이를 믿거나 따라서는 안 된다는 것입니다. 이 규칙은 이들에게 논란의 여지가 없어 보입니다. 하지만 그렇게 보면 그리스도교의 핵심 신념이 근대의 합리성과 충돌하는 부분이 바로 보입니다. 예를 들어, 이신론자들은 삼위일체 교리가 자연 종교와 양립할 수 없다고 생각했습니다. 비록 노골적으로 삼위일체 교리를 공격하지는 않았지만, 사실상 이 교리를 무시했습니다. 다른 거의 대부분의 그리스도교의 특징적인 교리도 이와 마찬가지입니다.

이신론에 공통적인 두 번째 개념은 그리스도교를 포함하여 참된 종교는 주로 개인과 사회의 도덕과 관련된다는 생각입니다.

이신론자들은 종교를 신에 관한 일련의 기초 믿음, 영혼의 불멸성, 행동에 대한 상과 벌로 환원하는 경향이 있었습니다. 누구나 이성으로 이해할 수 있으면서 주로 가치에 관한 것, 특히 오직 이생에서의 덕에 도움이 되는 가치에 관한 것으로 종교를 환원하는 경향이 있었습니다. 이신론자들은 형이상학적이거나 신학적인 성찰에는 별로 관심이 없었습니다. 만일 어떤 믿음이 인류의 삶을 개혁하고 진보시키는 실용적 가치가 있음을 보일 수 없다면, 이신론자들은 그러한 믿음에 냉담한 경향이 있었습니다. 하지만 이신론자들은 모두 죽음 이후의 심판이 삶의 진보적 개혁에 필수적이라고 확신했고, 이와 마찬가지로 하나님에 관한 몇몇 종류의 믿음과 영혼 불멸에 대해서는 확신했습니다. 그러니까 대부분의 이신론자들의 생각에서 종교적 믿음은 그저 윤리를 실용적으로 뒷받침하게 되었습니다.

이신론에 공통적인 세 번째 마지막 개념은, 지식인이자 계몽된 사람이라면 초자연적 계시와 기적에 관한 주장에 회의적이어야 한다는 것이었습니다. 톨랜드와 틴달 같은 18세기의 이신론자들은 이런 것들을 부인하지는 않았지만 이성의 보편적 진리보다 더 낮은 지위를 부여하며 명백히 격하시켰습니다. 종교의 초자연적 요소가 거의 보이지 않게 축소된 것이죠. 나중에 보다 철저한 이신론자들은 기적을 완전히 거부하며, 모든 기적적인 요소를 벗겨 낸 순전히 자연주의적이고 비신화화된 그리스도교를 선택했습니다. 이신론자들의 세계관은 대체로 뉴턴 물리학과 엄격한 자연법이 지배하는 뉴턴의 우주에 의해 형성된 것입니다. 이러한 세계는 신이 개입할 여지가 거의 없는 일종의 '기계 세계'였습니다. 이신론자들이 기적적인 것을 인정한 지점도 있었지만, 그렇더라도 기적은 여전히 그들의 사고 체계에서 뿌리가 뽑히기를 기다리고 있는 낯선 요소였습니다.

제 V 막

해결되지 않은 이야기

슐라이어마허

바르트 구티에레즈 구티에레즈 류터 콘

언뜻 보기에는 지난 장의 결론부에서 논했던 이신론자들이 정통적이고 역사적인 그리스도교로부터 급격하게 방향을 튼 듯해 보입니다. 그러나 더 자세히 살펴보면, 근대 세계에서 급증한 도전들에 대해 이신론자들이 진지하게 대답하고자 했음을 볼 수 있습니다. 오히려 전통적인 교회의 지도자들과 신학자들은 19세기가 시작될 무렵까지 근대적 변화가 가져온 도전들을 회피하고 있었던 것으로 보입니다. 그러나 결국 정치, 과학, 철학의 전망들이 눈앞에서 변하고 있는데, 그러한 현실로부터 계속 도피할 수는 없었습니다.

자유주의 신학, 근대 문화를 수용하다

프리드리히 슐라이어마허 Friedrich Schleiermacher, 1768-1834는 그리스도

교가 그러한 도전에 뒤처지지 않아야 한다는 점, 그렇지 않으면 시대에 뒤처진 옛 격언으로 남겨질 것이라는 점을 인식했습니다. 그는 개신교 정통에 전면적인 변화가 있어야 한다고 요구한 최초의 전문 신학자였습니다. 즉, 근대성의 정신을 피해가지 말고 이를 받아들이는 법을 배우자는 것입니다. 슐라이어마허는 자유주의 개신교로 불리어 온 신학의 선구자 또는 아버지입니다.

슐라이어마허는 계몽적이고 근대적인 교육으로 형성된 인물입니다. 하지만 그에 못지않게 경건주의적 가정 배경이 그를 형성하는 데 큰 영향을 미쳤습니다. 그는 개혁 교회의 목사가 되었고 베를린에 있는 병원에서 원목을 지냈습니다. 그 후 할레대학교에서 신학 교수와 설교자로 사역했습니다. 1806년, 나폴레옹 때문에 학교가 문을 닫자 그는 베를린으로 돌아갔습니다. 거기서 그는 삼위일체교회라는 크고 영향력 있는 교회에서 목회를 했고, 베를린대학교 설립에도 이바지하였습니다. 그는 베를린대학교 신학부 학장이 되었고, 독일 전역에서 국가 영웅, 유능한 설교자, 위대한 지성으로 명성을 얻었습니다. 그는 1834년에 죽었는데, 장례 행렬이 지날 때 베를린 시민들이 길에 나와서 줄을 지어 애도하였습니다.

슐라이어마허의 신학에는 자유주의적인 특성이 있습니다. 종교의 본질은 하나님의 존재에 관한 합리적 증명, 초자연적으로 계시된 교의, 교회의 예식이나 형식에 있지 않고 "인간의 삶과 문화에 관한 근본적, 개별적, 통합적 요소"에 있다는 그의 독특한 주장이 바로 그런 것입니다. 즉, 유한한 존재들 속에, 유한한 존재들을 통해 스스로를 드러내는 무한한 존재에게 절대적으로 의존하는 감정Gefühl에 종교의 본질이 있다는 것입니다.[1]

슐라이어마허는 권위적이고 객관적인 계시를 종교의 핵심에서 밀어내고 그 자리를 감정으로 대체했습니다. 이 감정 Gefühl이라는 독일어에 가장 가까운 영어 표현은 '깊은 내적 자각'deep inner awareness일 것입니다. 이 말은 종종 '느낌'feeling으로 번역되기도 하지만, 이렇게 번역하면 잘못된 인상을 줄 수 있습니다. 슐라이어마허에게 있어 종교 일반과 현실 종교로서의 그리스도교는 모두 그가 감정이라고 부른 인간의 보편적인 기능과 경험에 주로 관련된 것입니다. 이 감정은 자기 자신이 모든 것을 의존하고 있는 자기 너머의 무한한 것에 대한 인간의 특별한 자각입니다.

슐라이어마허는 1821년에 『기독교 신앙』The Christian Faith, 한길사 역간을 쓸 때까지 감정을 "신-의식"이라고 불렀습니다. 그는 인간 안에

---

1   Terrence N. Tice, Introduction to Friedrich Schleiermacher, *On Religion: Addresses in Response to Its Cultural Critics*, trans. Terrence N. Tice (Richmond, Va.: John Knox, 1969), p. 12.

보편적인 신-의식이 있으며, 현실 종교 안에는 신-의식이 구체적인 종교적 형태로 있다고 주장했습니다. 슐라이어마허에 따르면, 그리스도교 신학은 초자연적인 신적 계시에 대한 숙고라기보다 그리스도인의 종교적 감정을 언어로 제시하려는 시도입니다.[2] 그리스도인의 핵심 감정은 하나님과의 관계에서 예수 그리스도의 구속 사역을 전적으로 의존하고 있다는 감정입니다. 이것이 '그리스도교의 본질'입니다. 즉 하나님을 의존하고 있음(신-의식)을, 그리고 하나님과의 연결점인 예수 그리스도를 의존하고 있음을 깊이 자각하는 것입니다. 이러한 감정은 슐라이어마허의 신학에서 권위 있는 원천과 규준의 역할을 했습니다. 이 감정은 성경을 해석하는 것일 뿐만 아니라 심지어 판단하는 것이기도 했습니다. 이러한 원리가 누군가에게 인간 중심적이라는 인상을 줄 수 있더라도, 슐라이어마허는 흔들리지 않았습니다. 그는 '하나님에 관한 이야기'는 언제나 '하나님**에 대한 인간의 경험**에 관한 이야기'라고 주장했습니다. 유한한 인간 존재는 하나님 그 자체God-in-himself에 직접 접근할 수 없습니다. 하나님에 대한 지식은 늘 하나님에 대한 인간의 경험으로 매개된 지식입니다.

---

2   Friedrich Schleiermacher, *The Christian Faith*, ed. H. R. Mackintosh and J. S. Stewart, 2nd ed. (Philadelphia: Fortress, 1928), p. 76. 〔이 영문판은 1830년에 출간한 제2판을 번역한 것이며, 앞서 표기한 한길사 역간은 제1판을 번역한 것입니다. 2판은 1판에 비해 내용이 상당히 늘어났습니다—역자 주.〕

성경은 그러한 경험에 대한 가장 중요한 기록입니다.

신학에 대한 이러한 접근 방식이 함축하는 바와, 이에 따른 이 신학의 자유주의적 성격은 슐라이어마허의 그리스도론 Christology(또는 그리스도에 관한 교리)에 가장 명확하게 나타납니다. 그는 예수 그리스도의 두 본성에 관한 전통적인 교리를 거부하고, 전적으로 예수의 신-의식 경험에 기초하는 그리스도론으로 이를 대체합니다. 그가 가르친 예수 그리스도는 다른 인간들과 본성이 완전히 동일합니다. 다른 인간들과의 유일한 차이점은 "애초부터 예수는 절대적으로 강력한 신-의식을 지녔다"[3]는 점입니다. 예수께서는 태어날 때부터 자신이 하나님께 의존한다는 점을 완전히 자각하며 살았고, 하늘의 아버지이신 하나님으로부터 자율성을 주장하며 의존관계를 거스르는 죄를 범하지 않았습니다. 슐라이어마허는 다음과 같은 말로 (존재론적 그리스도론과 대조되는) 자신의 기능적 그리스도론 functional Christology을 표현하였습니다. "구속자는 인간과 본성이 동일하기 때문에 인간과 같으나, 지속적인 신-의식 능력에 있어 인간과 구별된다. 이는 그 안에 계신 진정한 하나님의 존재다."[4] 슐라이어마허에 따르면, 예수 그리스도는 이러한 자신의 신-의식 때문에 인류의

---

3   Schleiermacher, *The Christian Faith*, p. 367.

4   Schleiermacher, *The Christian Faith*, p. 385.

구원자인 것입니다. 왜냐하면 예수는 교회로 알려진 자신이 세운 공동체를 통해 다른 이들에게 이러한 신-의식을 전달할 수 있기 때문입니다. 슐라이어마허는 속죄에 관한 만족설과 대속설에 반대했습니다. 속죄에 관한 그의 생각은 아벨라르의 도덕 감화 모형에 보다 가까웠습니다.• 슐라이어마허가 주장하기를, 예수 그리스도는 자신의 삶과 죽음을 통하여 예수 자신의 신-의식 능력으로 신자들을 끌어들이고, 또한 신자들에게 이를 어느 정도 전달합니다. 분명한 것은 슐라이어마허의 그리스도론이 예수님을 성육신한 하나님으로서보다 고귀한 인간 존재로서 논한다는 점입니다. 이는 당연히 성육신적이라기보다 양자론적이라고 비난받을 수 있을 것입니다.

결국 그리스도의 신성, 속죄, 삼위일체와 같은 형이상학적 교리들은 개신교 자유주의에서 설 자리를 잃었습니다. 이러한 교리들은 이성의 요구에 맞춰 검증될 수 있는 것이 아니며, 그렇다고 직접적으로 경험할 수 있는 것도 아닙니다(신에 대한 내적 지각이 가능하다고 할 수는 있겠습니다만, 삼위일체에 대해서까지 자연적으로 지각할 수 있다는 주장은 불합리해 보입니다). 이성과 경험의 지도하에 그리스도교 신학은 그 초점이 교리에서 윤리로

• 그러나 슐라이어마허가 예수님을 '단지' 도덕 모범으로만 생각했다는 의미는 아니며, 오히려 그는 그런 식의 모범설에 반대했습니다.

옮겨갔습니다. 이것이 교의의 도덕화라고 불리는 것입니다. 계몽주의 사상가 임마누엘 칸트의 영향 아래, 자유주의 개신교 사상가들은 그리스도교의 모든 교리와 교의를 도덕적 용어로 재해석해야 한다고 주장했습니다. 그리고 그렇게 재해석될 수 없는 교리와 교의는 완전한 폐기까지는 아니더라도 도외시되었습니다. 수백 년 이상 발전되어 온 교리의 위대한 주제들이 약화되었습니다. 사실상 그리스도교는 몇몇 단순한 종교적 진술과 정치·경제 강령으로 축소되었습니다. 20세기 초에는 이런 식의 자유주의 개신교 신학이 전성기를 맞았습니다. 특히 미국에서 말이죠.

보수신학, 근본적 범주들을 확고히 하다

만일 자유주의 개신교 신학의 본질이 그리스도교 사상이라는 울타리 안에서 근대성modernity의 요구들을 최대한 인정하는 것이었다면, 근본주의 신학의 본질은 근대성과 자유주의 신학에 맞서 개신교 정통의 요구들을 최대한 인정하는 것으로 기술될 수 있을 것입니다. 근본주의의 핵심 태도와 접근 방식은 그리스도교 신학에서 "최대치의 보수주의"maximal conservatism로 불려왔습니다. 근본주의는 근대 사상과 자유주의 신학의 공격을 받았다고 여겨지는 개신교 정통 신학의 모든 전통적 교리들과 더불어 성경의 축자 영감, 성경의 절대적 무류성(무오성)을 열정적으로 옹호했습니다.

근본주의fundamentalism는 1910년쯤부터 뚜렷한 개신교 운동으로 나타나기 시작했습니다. 학자들은 근본주의가 나타난 정확한 시기, 그것이 탄생하게 된 본질, 그리고 '근본주의'라는 명칭의 유래에 대해 끝없이 논쟁하고 있습니다. 그럼에도 거의 모든 학자들이 1910년부터 출간되기 시작한 『근본적인 것들』The Fundamentals이라는 소책자 시리즈가 아마도 근본주의라는 이름의 출처이자 결정적인 기폭제였다는 점에 동의하고 있습니다. 위대한 복음전도 부흥사인 드와이트 라이먼 무디Dwight Lyman Moody, 1837-1899가 고무시켰고, 점점 커지는 자유주의 신학의 영향력이 깜짝 놀라게 했고, 벤자민 B. 워필드B. B. Warfield, 1851-1921가 활력을 불어넣으면서, 두 명의 부유한 그리스도인 사업가는 주도적인 보수 개신교 신학자들이 쓴 열 두 개의 글을 모아 총서로 출간하여 무료로 배본하도록 후원했습니다. 『근본적인 것들』은 미국 전역의 수천 명의 목회자, 교단 지도자, 교수, 심지어 YMCA의 중역에게도 무상으로 배포되었습니다.

『근본적인 것들』은 보수적인 개신교인들에게 축적된 불안과 염려를 활용하였고, 자유주의 신학과 점점 인기와 영향력이 커지고 있는 사회복음에 대해 보수적 반응을 일으키게 하는 충격 요법에 기여했습니다. 이어지는 10년 동안 몇몇 반자유주의적 그리스도교 단체는 신앙에서 근본적인 것들의 목록을 공식화했습니다. 대개 이러한 필수 교리 목록은 자유주의라는 조건에 영향을 받아 결정된 것이었습니다. 그러니까 자유주의로부터 위협을 받는다고 여겨진 교리들을 그리스도교 믿음의 핵심에 위치시킨 것입니다. 보다 중요한 점은 이전의 어떤 주요 그리스도교 집단에서도 핵심 교리로 여긴 적 없었던 신념들이 이 목록의 일부로 포함되었다는 점입니다. 한 예로 그리스도의 가시적 재림에 관한 신념을 들 수 있습니다. 즉, 그리스도께서 최후의 부활과 심판 전 천 년 동안 가시적이고 육체적인 모습으로 지구를 다스리고 통치하신다는 믿음입니다. 이는 일부 그리스도인들이 '신앙의 근본 요소'로 고수했던 한낱 의견에 불과했는데, 주도적인 근본주의 사역자 윌리엄 B. 라일리 W. B. Riley, 1861-1947 가 설립한 세계기독교근본주의협회 World's Christian Fundamentals Association 는 성경 무오성, 삼위일체, 그리스도의 동정녀 탄생, 인간의 타락, 그리스도의 대속적 속죄, 몸의 부활 및 승천과 더불어 이를 필수 교리로 승격시켰습니다. 심지어 매우 보수적인 다른 개신교인들도 이러한 완고한 입장에 충격을 받았습니다. 약 1910년부터 1960년까지 근본주의 프로젝트는 점점 격렬해졌습니다. 그리고 근본주의

지도층들 사이에서도 신앙의 근본 요소에 대한 의견이 서로 엇갈리면서 점점 전투적인 분리주의가 되었습니다.

의심의 여지없이 근본주의는 주로 일반 대중 수준의 그리스도교에 호소력을 발휘해 왔습니다. 오늘날에도 〔미국에서는〕 말 그대로 수천의 목사들과 신도들, 수백의 다양한 고위 관료들이 어느 정도 수준에서는 근본주의자입니다. 지역 규모에 상관없이 거의 모든 미국 도시들마다 대규모 근본주의 집회가 활발히 열리고 있고, 근본주의 서점들이 번창하고 있습니다. 그리고 대부분 상대적으로 작긴 하지만 확고히 자리 잡은 근본주의 성경대학 내지 학교가 도시마다 있습니다. 대개 20세기 말 몇 십 년 동안, 이런 교회와 학교들은 이름과 광고에서 **근본주의**라는 말을 뺐습니다. 1980년대부터 수많은 전투적인 보수 교회들과 학교들은 "보수적 복음주의"라는 말을 선호하기 시작했습니다.

신정통주의, 분리를 넘어서다

몇몇 개신교인들은 제1차 세계대전을 경험한 후, 당시 유통되고 있던 신학적 대안들—전통적인 개신교 정통, 자유주의, 근본주의—의 미몽에서 깨어나야 한다고 느꼈습니다. 그들은 전통적인 개신교 정통과 자유주의 개신교 신학 모두에 환멸을 느꼈지만, 성경에 대한 근본주의자들의 주장에는 더욱 동의할 수 없었습니다. 그들은 이러한 불만족에서 출발하여 새로운 신학적 전망을 구축했습니다. 이제는 보통 이를 "신정통주의"neo-orthodoxy라고 부릅니다. 여기서 논한 다른 모든 신학 운동처럼, 신정통주의는 그것이 무엇인지 정확히 설명하기가 어렵기로 악명 높습니다. 모든 신정통주의의 지지자들이 신정통주의라는 이름을 좋아한 것은 아닙니다. 많은 이들이 "새로운 개혁 신학"New Reformation Theology 내지 "변증법적 신학"dialectical theology이라는 표현을 선호했습니다. 이 운동의 창시자이자 대변자인 칼 바르트는 "하나님의 말씀의 신학"을 회복하길 원했습니다. [5]

칼 바르트

칼 바르트Karl Barth, 1886-1968는 1886년 스위스 바젤에서 태어났습니다. 그는 아돌프 폰 하르낙Adolf von Harnack, 1851-1930을 비롯한

---

[5] 몇몇 바르트 학자들은 바르트를 신정통주의 진영에 위치시켜서는 안 된다고 주장해 왔습니다. 왜냐하면 바르트 신학의 특정 요소들이 자유주의 및 근본주의와 대립되는 만큼이나 다른 다양한 '신정통주의' 신학자들과도 대립하기 때문입니다. 그럼에도 불구하고, 우리는 바르트가 적어도 역사적으로는 신정통주의로 분류된다는 게리 도리언(Gary Dorrien)의 논거를 따를 것입니다. *The Barthian Revolt in Modern Theology* (Louisville, Ky.: Westminster John Knox, 2000), pp. 6-13.

유럽의 주도적인 자유주의 개신교 사상가들 밑에서 신학을 공부했습니다. 그리고 개혁 교회의 목사가 되어 처음에는 제네바에서 사역하다가 그 후 스위스와 독일의 국경에 위치한 자펜빌이라는 작은 마을에서 사역했습니다. 그의 후기 회고록에 따르면, 바르트는 자신이 교육받은 자유주의 신학이 지역 교회의 평범한 사람들의 삶과 연결되는 의미 있는 설교로 번역되지 않는다는 점을 발견했습니다. 그는 자신의 신학적 멘토였던 하르낙을 비롯한 독일 교수들이 1914년 카이저의 전쟁 정책을 지지하는 것을 보며, 자유주의 개신교에 환멸을 느끼게 되었습니다. 그래서 이 젊은 목사는 신학적 갱신의 영원한 근원인 사도 바울이 로마에 보낸 편지를 파기 시작했고, 1919년 『로마서』*Der Römerbrief*, 복있는사람 역간를 출간하였습니다. 바르트는 저 신학 주석에서 변증법적 신학 내지 '하나님의 말씀의 신학'이라는 새로운 정통의 골자가 되는 기초 지침들을 제시하였습니다. 기본적인 논지는 "성경 안의 낯선 새로운 세계"라는 제목으로 별도 출간된 논문에 다음과 같이 잘 표현되어 있습니다. "성경의 내용을 형성하는 것은 하나님에 대한 인간의 올바른 생각이 아니라, 인간에 대한 하나님의 올바른 생각이다."[6]

---

6   Karl Barth, *The Word of God and the Word of Man*, trans. Douglas Horton (Boston: Pilgrim, 1928), p. 43.

바르트는 제1차 세계대전 이후 독일에서 신학 교수로 초빙되었습니다. 그는 본에서 가르치면서 하나님의 말씀에 기초한 총체적인 신학 체계를 저술하는 인생 대과제에 착수하였습니다. 그 제목은 『교회 교의학』*Church Dogmatics*입니다. 그는 1968년에 죽을 때까지 총 13권의 엄청난 분량을 썼지만, 미완성이었습니다. 바르트는 철학의 강력한 영향에서 완전히 벗어난 조직 신학을 쓰고자 했습니다. 그러니까 성경이 증언하는 예수 그리스도 안에서 계시된 하나님의 말씀에 대한 주해에 온전히 기초하고자 했습니다. 『교회 교의학』은 다른 대부분의 신학 체계―자유주의든 보수주의든, 개신교든 가톨릭이든 간에―들과는 달리 프롤레고메나, 즉 하나님을 믿는 믿음과 성경을 뒷받침하는 합리적 증거 내지 자연 신학의 토대를 다룬 장이 없습니다. 대신 바르트는 예수 그리스도와 교회와 성경―즉, 특별 계시―속 하나님의 말씀에 대한 설명에서 곧바로 시작합니다. 그의 기초 공리는 "하나님●에 대한 인식 가능성은 하나님의 말씀 안에 있으며 바깥 어디에도 없다"[7]였습니다. 바르트는 예수 그리스도를 몸소 나타나신 하나님의 말씀으로 생각해서 하나님의 말씀과 동일시

●   바르트의 원문은 "하나님의 말씀"(Wortes Gottes).

7   Karl Barth, *Church Dogmatics* 1/1, *The Doctrine of the Word of God*, pt. 1, trans. G. W. Bromiley (Edinburgh, U.K.: T & T Clark, 1975), p. 222. 『교회 교의학』 I/1, 박순경 옮김(서울: 대한기독교서회, 2003).

했기 때문에, "다른 데서가 아니라 예수 그리스도 안에서 영원하신 하나님을 인식해야 한다"[8]고 주장했습니다. 바르트는 예수 그리스도 자체인 자증적自證的 복음 외에 하나님에 대한 그리스도 교적 지식을 정초하기 위한 다른 어떤 토대—자연 신학, 하나님의 계시에 대한 철학적 옹호, 합리적 변증학 등—의 가능성도 거부했습니다.

바르트는 본에서 가르치는 동안 히틀러와 나치당에 대한 충성 맹세를 거부했고, 나치에 반대하는 독일 교회를 돕기 시작했습니다. 바르트는 독일 국가사회주의 정부에 의해 추방당하고, 바젤대학에서 신학 교수 자리를 얻었습니다. 그는 은퇴하여 세상을 떠날 때까지 그곳에 머물렀습니다.

바르트는 동시대인들에게 늘 어딘가 수수께끼 같은 존재였습니다. 바르트는 자유주의 신학 세계에서 재난—세계적 수준의 지성을 갖춘 극보수적인 인물—이었습니다. 보수 신학자들, 특히 근본주의자들에게는 양의 탈을 쓴 늑대—성경을 믿고 예수를 사랑하는 그리스도인으로 가장한 자유주의자—였습니다. 어느 쪽도 그를 제대로 설명하지 못했습니다. 이들은 바르트의

---

8   Karl Barth, *Church Dogmatics* 2/2, *The Doctrine of God,* pt. 2, trans. G. W.
    Bromiley et al. (Edinburgh, U.K.: T & T Clark, 1957), pp. 191-92. 『교회
    교의학』 II/2, 황정욱 옮김(서울: 대한기독교서회, 2007).

신학을 제대로 인식하지 못했고 자신들의 저술에서 바르트를 왜곡했습니다.

바르트의 교수 경력 마지막 즈음에 있었던 이야기 하나는 그리스도인으로서의 바르트의 개인적 삶에 대해 많은 것을 드러내 줍니다. 그는 1960년대 초 생애 단 한 번 미국으로 여행을 갔습니다. 거대한 고딕 양식으로 지어진 시카고 대학의 록펠러 기념교회에서 몇몇 미국 신학자들과의 대화에 패널로 참석했습니다. 패널 토의가 끝난 후 질의응답 시간에 한 젊은 학생이 일어나서 청중들을 숨죽이게 하는 질문을 던졌습니다. "바르트 교수님, 교수님 평생의 신학 작업 전체를 간단히 요약해 주실 수 있으십니까?" 바르트는 잠시 생각하다가 이렇게 대답했습니다. "네, 제가 어렸을 때 어머니께서 가르쳐 주신 노랫말로 말씀드리겠습니다. '예수 사랑하심을 성경에서 배웠네.'"

바르트 신학을 제대로 이해하기 위해서 하나님의 말씀이 삼중적이라는 바르트 초기의 관찰로부터 시작하는 것도 분명 좋은 방법입니다. 삼중적 말씀이란, 예수 그리스도 안에서 육신이 되신 말씀, 성경에 기록된 말씀, 교회가 선포한 말씀을 말합니다. 그렇다면 이러한 삼중적인 말씀, 인간에게 나타난 신적 계시는 어떤 것일까요? 하나님의 말씀, 곧 신적 계시는 하나님께서 인류에게 말을 건네시는 하나님의 자기 전달^{self-communication}입니다.

데우스 딕시트 *Deus dixit*—하나님께서 말씀하십니다. 하나님께서 직접 말씀하십니다. 하나님의 말씀은 하나님께서 직접—정보나 경험과 같은 것이 아니라 하나님 자신을— 전달**하고 계시는** 것 입니다. 가장 엄밀하게 말하면, 신적 계시는 하나님의 자기-전달 사건으로, 예수 그리스도 안에서와 그의 성육신 이전과 이후의 역사 안에서만 있을 수 있는 사건입니다.

그러니까 바르트에게 예수 그리스도는 하나님의 말씀입니 다. 복음은 예수 그리스도입니다. 예수 그리스도는 하나님의 계 시입니다. 바르트가 신적 계시와 예수 그리스도를 동일시할 때, 그가 말하는 것은 예수님의 가르침이나 모범이 아닙니다. 그는 시간과 영원 안에 있는 예수 그리스도의 위격을 말하고 있는 것입니다. 예수 그리스도를 아는 것(그분의 인간적 이름을 알든 모 르든)은 하나님을 아는 것이며, 예수 그리스도를 알지 못하면 하나님을 알 수 없습니다. 바르트는 팔레스타인에서 태어나 주 후 30년 경 죽은 유대인의 메시야에 대해 알지 못하면 하나님 을 알 수 없다고 말하는 게 아닙니다. 그분은 주님이셨고 주님 이시지만, 이 땅에서 그분의 인간적 삶이 그분의 신-인적 실재 전체를 망라하는 것은 아닙니다. 신적 계시에 대한 바르트의 관 점은 하나님의 아들이신 예수 그리스도가 하나님의 완벽하고 온전한 자기-표현이라는 점, 하나님에 대한 다른 어떤 진정한 계시들이 있더라도 그 중심에는 예수 그리스도께서 약속, 소망, 기억으로 계실 것이라는 점입니다.

성경은 예수 그리스도와 동일한 의미에서 하나님의 말씀이 아닙니다. 예수 그리스도는 행동하시고 소통하시는 하나님 자신이기 때문에 하나님의 말씀입니다. 예수님은 바로 하나님의 존재를 공유합니다. 성경은 하나님의 말씀의 한 형태이며, 그것도 이차적 형태입니다. 바르트는 성경을 고귀하게 보는 견해 high view of Scripture를 굽히지 않으면서도 성경을 명제적 형태로 된 일차 계시로 보는 근본주의적 성경관에 반대했습니다. 그는 명제적 계시—하나님께서 인간과 소통하기를 원하실 때 사실 진술로 정보를 전달하신다는 개념—를 거부했습니다. 그는 특히 성경 무오성inerrancy 개념을 거부했습니다. 바르트가 보기에 성경은 처음부터 끝까지 인간적입니다. 성경은 예수 그리스도에 대한 인간의 증언으로 된 책입니다. 그러나 그러한 모든 인간적 특성에도 불구하고 성경은 독특한데, 왜냐하면 하나님께서 성경을 사용하고 계시기 때문입니다. 바르트에 따르면 성경의 진술들은 어떤 점에서 틀렸을 수 있습니다. 그러나 그것은 문제되지 않습니다. 하나님께서는 항상 오류를 잘 범하고 심지어 죄도 많은 증인들을 사용해 오셨습니다. 성경은 바로 그런 증언입니다. 바르트는 정통 개신교의 축자 영감 교리, 특히 무오성 교리를 강하게 반대했지만 성경을 매우 고귀하게 생각했습니다. 그의 반대는 성경을 비하하려는 것이 아니라 성경보다 예수 그리스도를 높이려는 것이었습니다. 예수님은 주님이십니다! 성경이 주님은 아닙니다. 성경은 주님을 증거하는 하나의 증언입니다.

바르트가 인식한 신적 계시의 세 번째 형태는 교회의 선포입니다. 교회의 선포는 세 번째입니다. 우선성에 있어 예수 그리스도와 성경에 이어 세 번째입니다. 그러나 교회의 선포는 신적 계시의 수단이 될 수 있습니다. 하나님께서는 설교와 교회의 가르침 안에서 말씀하시고, 또한 이것들을 통하여 백성들을 하나님과의 만남으로 끌어들이십니다. 이는 모든 설교와 예배와 교리 문답 수업이 하나님이 말씀하시는 사건이라는 말이 아닙니다. 그럴 수도 있고 아닐 수도 있습니다. 이것이 바르트의 "실현주의"actualism입니다. 즉, 하나님께서 자기-드러냄의 행동으로 자신을 계시하신다는 발상입니다. '신적 계시'인 하나님의 말씀은 결코 소유할 수 있는 하나의 대상이 아닙니다. 하나님의 말씀은 다루어지거나 소유될 수 없습니다. 하나님의 말씀은 일어나는 사건입니다. 예수 그리스도 안에서 일어났고 일어납니다. 성경을 통해 일어납니다. 교회의 선포와 가르침을 통해서 일어날 수도 있습니다. 예수 그리스도는 성경과 교회의 주님이십니다. 성경은 교회에서 권위를 갖는데, 왜냐하면 성경이 예수 그리스도에 대한 일차 증언이기 때문입니다. 교회는 하나님과 인간이 만나는 맥락으로, 이 안에서 성경이 해설되고 예수님이 선포됩니다. 이 모든 것이 신적 계시지만, 그 모든 것의 중심에는 예수 그리스도가 계십니다.

바르트는 이러한 세 가지 의미의 하나님의 말씀을 강조함으로써 하나님을 제한하려 한다거나, 특정한 계기나 장소에서만 자신을 계시하시는 하나님으로 하나님을 가두려 한 것이 아닙니다. 바르트가 주장하는 바는 하나님의 계시가 압도적으로 관대하다는 점입니다. 즉, 하나님은 우리와 성실하게 만나시며, 우리와 만나기를 바라시고, 성경과 선포를 통해 우리를 만나실 것이라는 점입니다.

바르트의 신학의 다른 여러 주제들도 논의되어야 하지만, 우리는 오로지 계시에 관한 교리, 즉 하나님의 말씀에 대해서만 초점을 맞췄습니다. 왜냐하면 신적 계시 개념에 신정통주의의 핵심이 있기 때문입니다. 엄밀한 의미의 계시는 사건들 속에서 그리고 무엇보다도 예수 그리스도 안에서 하나님의 특별한 자기-드러냄입니다. 하나님은 **자기 자신**을 계시하시지, 명제적 진술을 계시하시지 않습니다. 하나님은 자신을 **특별하게** 계시하시지, 애매하고 보편적인 인간의 경험(슐라이어마허의 감정 Gefühl)이나 본성/자연이나 보편사를 통해 계시하시지 않습니다.

신정통주의 개신교 신학자들에게 하나님의 계시는 인간의 역사와 경험으로 침입해 오시는 것이지, 결코 '인간이 하나님을 탐구한' 결과일 수 없고, 성경의 단어 및 명제들과 동일한 것으로 여겨질 수도 없습니다.

신정통주의의 공통 주제들

바르트는 분명 신학에서 이 새로운 궤도를 고안해 낸 핵심 인물이었습니다. 학자들은 이제 이 궤도를 신정통주의라고 부릅니다. 그런데 신정통주의에 바르트의 목소리만 있지는 않았습니다. 에밀 브룬너Emil Brunner, 1889-1966와 라인홀드 니버Reinhold Niebuhr, 1893-1971를 비롯한 다른 개신교 신학자들과 소수의 가톨릭 신학자들도 자기 고유의 방식을 더하며 바르트의 근대 신학 개혁에 합류했습니다. 브룬너와 니버 모두 여러 중요 지점에서 바르트와 격하게 의견을 달리했지만, 적어도 세 가지 의미에서 이들을 여전히 신정통주의라 할 수 있습니다. 첫째, 이 세 사람은 (니버는 예외일 수도 있지만) 철저히 그리스도 중심적이었습니다. 즉, 이들은 예수 그리스도를 하나님이 몸소 나타내신 계시로 보았고, 자신들의 신학적 성찰에서 항상 그리스도를 중심에 두려 했습니다. 신정통주의 신학자들에게 예수 그리스도는 역사 속 예언자 이상이었으며, 그저 신-의식이 완전한 사람이 아니라 훨씬 그 이상이었습니다. 예수님은 저 너머에서 자연 세계와 역사로 침입해 오신 하나님의 아들이십니다.

둘째, 신정통주의 신학자들은 모두 자연 신학(특별 계시에 앞서 인간이 하나님에 대해 알 수 있는 것이 무엇인지를 탐구하는 신학)을 거부했고, 하나님의 말씀을 그리스도교 신학의 원천이자 규범으로 받아들였습니다. 그들은 모두 하나님의 '말씀'을 성경의 단어 및 명제들과 동일시하지 않았습니다. 그러나 그들은 성경을 하나님 말씀의 특별한 증언이자 도구로 고귀하게 생각했습니다. 신정통주의에서 성경은 (자유주의 신학이 대개 그런 것과는 달리) 그저 인간의 종교적 지혜를 모은 위대한 책이 아니었으며, (근본주의자들과는 달리) '하늘로부터 받아 적은 원고'도 아니었습니다. 성경은 인간 저자들의 모든 흔적과 특성이 있는 철저히 인간적인 책입니다. 성경은 역사적이며, 오류가 있을 수 있고, 모든 점에서 문화적으로 조건 지어진 책입니다. 다른 한편, 성경은 하나님의 말씀이 전달되는 독특한 경로이며, 하나님께서 백성들로 하여금 자신과의 만남에 들어오게 하시려고 성경을 사용하시는 순간 하나님의 말씀이 됩니다.

마지막으로, 신정통주의 신학자들은 쇠얀 키에르케고어 Søren Kierkegaard, 1813-1855가 "시간과 영원 사이의 무한한 질적 차이"라고 불렀던 것을 강조합니다. 여기에는 하나님과 하나님 나라의

'전적 타자성'이 포함됩니다. 이는 인간이 하나님의 말씀을 숙고하여 정리한 하나님에 대한 체계적 서술이 자기모순적^{paradoxical} 성격을 갖는다는 점을 함축하고 있습니다. 교회를 포함하여 어떤 인간의 사회적 질서나 조직도 하나님 나라와 동일시될 수 없습니다. 신학 체계를 비롯하여 어떤 이데올로기나 철학도 하나님 자신의 진리와 전적으로^{exclusively} 동일시될 수 없습니다.

현대 신학, 다양성과 투쟁하다

폭넓고 혼잡스러운 20세기 말 신학의 다양성을 처음 얼핏 접한 사람은 대부분 19세기 러시아 소설을 읽으면서 경험했을 법한 혼란을 느꼈을 것입니다. 이야기의 구성에 무슨 일이 있어 왔던 걸까요? 이 인물들은 모두 어떤 사람일까요? 제2차 세계대전 이후의 신학에는 전에 없던 다양성이 있습니다. 특히 문화적 혁명기인 1960년대 이래로 그리스도교 신학의 이야기에는 수많은 어지러운 전개와 전환이 있어 왔고 정말 많은 새로운 방향으로 쪼개졌습니다. 그래서 전문가들조차도 이 모두를 정합적인 이야기로 한데 묶기 어렵다고 생각합니다. 그 모든 것을 '그리스도교적인 것'으로 만드는 것은 무엇일까요? 이 모두를 하나의 줄거리로 묶을 수 있는 가닥은 어디에 있을까요? 요즘 신학이란 단어 앞에 붙는 수식어 중 일부를 힐끗 보는 것만으로도 신학이 점점 다양해지고 있다는 낌새를 느낄 것입니다. 후기 자유주의postliberal 신학, 해방liberation 신학, 포스트모던postmodern 신학, 사신死神, death-of-God 신학, 과정process 신학, 이야기narrative 신학, 탈식민주의postcolonial 신학, 페미니스트feminist 신학, 우머니스트womanist 신학, 생태 신학ecotheology, 흑인black 신학, 급진 정통주의 신학radical orthodoxy, 고대 정통주의 신학paleo-orthodoxy, 열린open 신학, 복음주의evangelical 신학, 상관관계correlational 신학. 우리는 최근 생겨난 신학의 풍성한 다양성을 공정하게 다루지 못하는 위험을 감수하면서, 두 개의 운동만을 다루려고 합니다.

복음주의 신학

1940년대와 1950년대에 근본주의자들이 점점 더 분파주의와 편협성을 추구하면서, 상당수의 보수 개신교인들은 근본주의 운동과 거리를 두길 원했습니다. 신학적 정통은 그대로 유지하면서 말이죠. 복음주의자로 불리기를 원하는 보수적인 개신교인들과 근본주의자로 불리는 이들이 몇몇 쟁점을 통해 나누어졌습니다. 물론 그들이 일치하는 영역 또한 중요합니다. 근본주의자들과 이 새로운 복음주의자들은 모두 성경의 초자연적 영감,

니케아 신경과 같은 초기 그리스도교 교회의 주요한 교리적 업적들, 개신교 정통을 강조합니다. 밀접하게 관계된 이 두 운동은 모두 진정한 그리스도교의 특징으로 회심의 경건을 강조했으며, 보편구원론universalism과 더불어 세례를 통한 중생을 거부했습니다. 이 새로운 복음주의자들은 근본주의자들이 비교적 덜 중요한 교리적, 도덕적 문제로 분열을 일으킨다고 보며 이를 거부했습니다. 복음주의자들은 보수적 가치와 회심을 중요시하는 개신교 연합을 전개하고 육성하길 원했습니다. 이들은 성경의 영감이 무류성infallibility을 내포한다고 생각했지만, 성경 문학에 기록된 모든 세부 사항들이 반드시 절대적인 기술적 정확성을 지녀야 한다고 생각하지는 않았습니다. 그리고 문자 그대로의 해석을 요구하지도 않았습니다. 기원과 종말에 관해서는 특히 그랬습니다. 이 새로운 복음주의자들은 하나님이 모든 것의 창조자라고 주장했고(크레아티오 엑스 니힐로creatio ex nihilo, 무에서의 창조) 미래에 예수 그리스도께서 재림하신다고 주장했습니다. 하지만 이러한 교리들의 세부 사항에서는 매우 다양한 해석을 허용했습니다.

복음주의 내에서 교리적 자유는 결국 갈등으로 이어졌습니다. 스펙트럼의 한쪽 끝에는 보다 보수적 복음주의자들이 근본주의 교리의 뿌리로 돌아가자고 촉진했고, 반대편 끝에 있는 체험적 복음주의자들은 복음전도, 회심, 영성을 촉진했습니다. 보수적 복음주의자들은 자신들과 협력하는 동료들이 이렇게 그리스도인의 체험에 초점을 맞추다가 자유주의에 빠질 수 있다고 염려했습니다. 체험주의적 복음주의자들—성경의 권위와 역사적 그리스도교 교리에 동일하게 헌신했습니다—은 정통을 주장하는 동료들이 완전히 근본주의적 사고방식을 발산하는 데 빠져들고 있으며, 살아 계신 하나님에 대한 체험은 무시한 채 그리스도교의 교리적 내용을 한쪽으로만 강조하고 있다고 의심했습니다. 제2차 세계대전 이후의 복음주의 연합의 양 진영은 점점 갈등이 깊어졌습니다. 그래서 1980년대 말과 1990년대 초에는 누가 복음주의를 진정으로 대표하는지를 두고 다투었습니다.

그렇다면 다양한 형태의 복음주의 신학에서 공통점은 무엇일까요? 양 진영의 지지자들은 역사적 그리스도교의 기본적인 세계관을 공유하고 있습니다. 여기에는 하나님의 초월성과 초자연적 활동에 대한 믿음, 성경이 신적으로 영감되어 신앙과 실천에 있어 무류하다는 믿음, 예수 그리스도는 십자가에 못 박히셨다가 부활하신 구원자이자 세상의 주님이시라는 믿음, 회심만이 구원으로 들어가는 진정한 시작이라는 점, 모든 민족에게 복음을 전달하여 복음화해야 한다는 점이 포함됩니다. 이들은 또한 자유주의 신학과 근본주의를 반대하지만, 반대하는 정도는 다양합니다. 복음주의자들 사이에는 칼 바르트와 신정통주의에 대해서도 찬반이 공존합니다. 근본주의적 뿌리에 가장 가까운 이들은 바르트와 신정통주의를 엄격하게 반대하는 반면, 근본주의와 가장 멀리 떨어진 진영은 그들을 친구이자 동역자로 봅니다.

해방 신학들

1970년대에 북미와 남미에서 사회적, 경제적, 정치적으로 억압받는 그리스도인 집단들은 해방 신학을 전개하기 시작했습니다. 북미의 흑인 신학자들은 인종 차별 문제에 초점을 맞췄고 아프리카계 미국인들이 인종적 편견과 배제로부터 해방되는 것이 구원에 포함된다고 해석했습니다. 1970년대에 흑인 신학을 주도한 몇몇 신학자들은 하나님이 흑인이시며 현대 북미의 맥락에서 구원이란 "하나님과 함께 흑인이 되는 것"을 의미한다고까지 했습니다. 이런 애매한 표현을 너무 문자 그대로 이해하면 안 됩니다. 제임스 콘을 비롯한 다른 신학자들이 주장하고자했던 바는 하나님께서 억압받고 짓밟힌 사람들의 편에 서 계시다는 것과, 구원을 갈망하는 사람들이라면 인종 분리와 억압의 상황에서 정치적으로 중립일 수 없다는 것이었습니다. 라틴

아메리카에서는 가톨릭 신학자들과 개신교 신학자들이 남미 대륙의 극한 빈곤 상황과 경제적 불의에 대해 신학적으로 숙고하기 시작했고, 구조적 빈곤 및 불의한 정치 질서의 철폐가 구원에 포함된다고 해석했습니다. 1980년대를 지나면서 북아메리카의 페미니스트 신학자들은 교회와 사회에서의 성차별과 가부장제 문제에 점점 초점을 맞추었습니다. 이들은 남성과 여성의 평등이 구원에 포함된다고 해석했고, 더 나아가서 남성의 영역에 대한 재조정뿐만 아니라 모든 정치사회적 계급 구조를 급진적으로 재조정해야 하는 것이 구원의 일부라고 해석했습니다.

모든 해방 신학자들은 어디에서 누구에게나 두루 알맞은 보편적인 신학을 거부했습니다. 억압받는 집단들은 각자 성서와 자신들이 살고 있는 상황을 비판적으로 숙고할 자유가 있어야 하며, 복음의 메시지를 어떻게 해석하여 살아 내는 것이 가장 좋은지 스스로 결정할 자유가 있어야 합니다. 해방 신학자들에게 신학이란 그리스도인의 실천을 하나님의 말씀에 비추어 구체적이고 헌신적으로 성찰하는 작업입니다. 여기서 프락시스*praxis, 실천*가 의미하는 바는 '해방시키는 활동'으로, 사람들이 스스로를 해방하기 시작하여 평등과 정의를 추구하는 모든 억압의 상황에서 일어나는 일입니다. 신학자의 과업은 자유를 위해 투쟁하는 사람들을 하나님의 말씀과 연결시켜 돕는 것입니다.

더 나아가 해방 신학자들은 하나님께서 억압받는 사람들을 우선시하시며, 억압받는 사람들이 어떤 주어진 사회적 상황 속에서 하나님의 뜻을 헤아릴 수 있는 특별한 통찰력을 지닌다고 주장했습니다. 이는 아프리카계 미국인들이나 여성들 혹은 가난한 이들이 자동적으로 하나님과 좋은 관계를 맺어서 구원에 유리하다는 의미가 아닙니다. 해방 신학자들은 '구원'을 주로 개인주의적인 방식보다는 역사적, 사회적 방식으로 생각하는 경향이 있습니다. 이들은 하나님께서 억압받는 자들의 편이 되시며 모든 속박과 예속과 불평등으로부터 적극적으로 해방하려 하신다고 믿고 있습니다. 어떤 무리가 다른 무리에게 압제를 받고 있을 때, 예컨대 어떤 사람들이 자신들의 가능성을 성취할 수 없게 훼방당하고 있을 때, 무리가 해방되어 구성원들이 완전한 인간됨을 이루려고 적극적으로 투쟁하는 그 속에서 하나님께서는 그들 무리의 편을 드십니다.

여기서 세 명의 해방 신학자가 언급되어야 할 것 같습니다. 제임스 콘James Cone, 1938-2018은 종종 아프리카계 미국인 신학의 아버지로 여겨집니다. 1960년대 말과 1970년대 초 그는 말콤 엑스Malcolm X 및 여러 아프리카계 미국인들의 흑인권력운동Black Power movement과 밀접한 관계를 맺게 되었습니다. 이들은 인종 차별에 대한 투쟁에서 마틴 루터 킹Martin Luther King Jr., 1929-1968의 평화주의적 접근방식이 불만스러웠습니다. 콘은 아주 논쟁적이면서도 획기적인 두 권의 책을 썼습니다. 과격한 행동주의를 정당화하는 책으로 『흑인 신학과 흑인 권력』Black Theology and Black Power, 1969과 『흑인 해방 신학』A Black Theology of Liberation, 1970입니다. 콘은 하나님이 흑인이시며 흑인 권력은 "20세기 미국을 향한 그리스도의 핵심 메시지" [9]라고 주장했습니다. 그는 실제로 인종 전쟁을 지지하지는 않았지만, 만일 인종 전쟁으로 미국에서 인종 차별 철폐를 쟁취할 수 있다면 아마 용인했을 것으로 보입니다. 콘은 1970년대에 명망 높고 자유로운 유니온신학교의 찰스 H. 브릭스 조직 신학 석좌교수가 되었습니다. 그는 아프리카계 미국인들의 압제와 해방 경험에 기초하여 수많은 책과 논문에서 흑인 신학을 계속 발전시켰습니다. 비평가들은 그를 현대 신학 속에서 위험하고 과격하며 분열을 일으키는 목소리로 여깁니다. 반면 그에게 동조하는 사람들은 그를 구약성경의 아모스와 같은 예언자로 봅니다.

　　라틴 아메리카 해방 신학의 아버지는 구스타보 구티에레즈Gustavo Gutiérrez, 1928 - 입니다. 구티에레즈는 페루의 리마에 살고 있으

9　　James H. Cone, *Black Theology and Black Power* (New York: Seabury, 1969), p. 1.

며, 그의 책 『해방 신학』*A Theology of Liberation*, 1971. 분도출판사 역간은 여전히 이 운동의 교과서입니다. 그는 범교회적으로 폭넓게 교류하고 있는 가톨릭 신학자입니다. 그는 해방 신학의 메시지를 전하고 부유한 나라의 신학자들과 진솔한 토론에 참여하기 위해 북아메리카와 유럽에 자주 다닙니다. 그는 자신의 "종속 이론"dependency theory을 통해, 라틴 아메리카의 정치적, 경제적 불의의 근본 원인이 북미와 유럽의 시장 조작과 간섭에 있다고 밝혀 왔습니다. 이 페루 신학자에 따르면, 남미의 경제는 북미와 유럽의 정치, 경제에 종속되어 있는데, 이러한 종속은 이미 부유한 사회에는 혜택이 돌아가고 남반구의 사회와 문화에는 혜택이 돌아가지 않게 의도적으로 구조화되어 있습니다. 그를 자신들의 대변인이자 지도자로 보는 다른 많은 해방 신학자들처럼, 구티에레즈도 남미의 대다수를 계속 가난하게 만드는 세력들을 전복한 다음 사실상 공산주의까지는 아니더라도 기본적으로 사회주의적인 경제 민주주의 국가를 세우는 것을 구원으로 보았습니다. 그는 칼 마르크스의 경제 및 정치 이론에서 영감과 안내를 받았습니다. 물론 마르크스의 무신론과 유물론은 거부했습니다.

페미니스트 신학을 선도한 목소리는 로스마리 래드포드 류터Rosemary Radford Ruether, 1936-입니다. 그녀는 이 운동의 중요한 책 중 하나인 『성차별과 신학』*Sexism and God-Talk*, 1983. 대한기독교서회 역간의 저자입니다. 류터는 가톨릭 신학자인데 감리교 신학교에서 가르쳤습니다. 그녀는 다른 그리스도인 페미니스트들과 더불어 가부장제는 구원이 성취되기 위해 폐지되어야 할 근본악이라고 주장했습니다. 그녀가 가부장제patriarchy라는 말을 사용할 때는 단지 남성만의 지배를 의미하는 것이 아니라—비록 저 말의 문자적 의미가 그렇긴 하지만—모든 것을 통제하는 아버지 같은 존재가 자기 안에 있는 남성과 여성 모두에 의해 사회 전체의 위계 구조가 자리 잡게 된다는 의미입니다. 심지어 하나님을 모든 사람 위에서 모든 것을 통제하는 존재로 생각해서도 안 됩니다. 류터에 따르면, 하나님God을 "여/신"God/dess으로 불러야 하고 모든 존재를 동등한 상호관계성의 망 안에 함께 연결하시는 "존재의 모체"로 생각해야 합니다. 류터는 여성이 그러한 사회 비전에 맞추어지는 데 더 가깝기 때문에, 남성 지배적인 교파와 회중에 대한 대안 공동체로서 "여성-교회"의 설립을 지지하고 있습니다. 그러한 여성-교회들은 페미니스트들이(여성화된 feminized 의식을 지닌 남성들을 포함하여) 전적으로 여성의 경험을 중심으로 한 가르침과 예전 속에서 페미니스트 신학의 새로운 패러다임을 탐구하기에 안전한 장소가 될 것입니다.

결론

우리의 이야기는 여기서 끝납니다. 그러나 아직 못다 한 이야기가 많습니다. 새로운 이야기꾼들이 계속해서 새로운 드라마의 장면들을 쓰고, 옛 이야기들을 재발견할 것입니다. 전통적인 셰익스피어의 5막극과는 달리, 그리스도교의 이야기는 5번째 막이라는 결말로 끝나지 않습니다. 새로운 신앙의 드라마가 펼쳐질 새로운 천년의 막이 이제 막 올랐습니다. 세계에는 대략 20억 명의 그리스도인들이 살고 있는데, 대부분 미국과 유럽에 사는 사람들이 아닙니다. 그리스도교 신학의 다음 막이 비서구권에서 비서구인들에 의해 펼쳐지는 것을 보더라도 놀랄 필요가 없습니다.

찾아보기